中公文庫

赤ちゃんポストの真実

森本修代

JN009514

中央公論新社

序章　罪の意識

熊本市内のある部屋で、私は一人の女性を待っていた。

女性の名前も年齢も連絡先も分からない。私にあった情報は「九州に住み、赤ちゃんポストに子どもを置いた」ことだけだった。

「赤ちゃんポスト」は２００７年5月、熊本市の慈恵《じけい》病院が開設した。「遺棄され、虐待される赤ちゃんを救う」目的で、親が育てられない赤ちゃんを匿名で預かる。「こうのとりのゆりかご」という名前で、略して「ゆりかご」と地元では呼ばれている。

赤ちゃんポスト自体は、大手メディアによって大々的に取り上げられ、認知度も高い。だが、一度預けられた後は、匿名性という壁のもと「その後」を追うことは困難だった。

私は、細い糸を伝うようにして、「預けた人」である女性に接触できた。19年10月のことだ。取材に応じてくれるという。

「慈恵病院をもう一度見たいので、熊本に行きたい」との意向を伝え聞き、熊本市内で会うことになった。

どんな人なのか、全く想像できない。聞きたいことは山ほどあったが、何からどう聞けばいいのか、考えがまとまらない。新聞記者として多くの人に取材してきたが、今までに味わったことのない緊張感があった。本当に話をしてくれるのだろうか、という不安もある。

時間通りに、理恵（仮名）はやって来た。２人の男の子を連れている。

小柄な体に、白地に青のボーダーが入ったニットとジーンズ。足にはスニーカー。化粧は薄く、派手さは全くない。私の息子が通う小学校の授業参観にいても違和感はない。同じクラスのママたちと比べると、少し地味な印象だ。

「おなかすいた」

幼稚園児の２人が部屋に入ると、一気ににぎやかになった。

男の子の一人は任天堂のゲーム機、スイッチを手にしている。私の息子も同じものを持っている。その子は「コンセントはどこ？　もう１％しかない」と言い、コンセントを見つけて充電を始めた。

「充電していいですかって聞いた？　ちゃんと聞いてからよ」

慌ててたしなめた理恵は、どう見ても「普通のお母さん」だ。

この人が、本当に赤ちゃんポストに子どもを置いたのだろうか。

「うちも男の子2人なんです」と私が言うと、理恵はさっと顔を上げて私をまじまじと見て、こう言った。

「男の子2人って、大変ですよね」

「大変です。子どもが小さいうちは、スーパーに買い物に行っても、あっち行ったりこっち行ったりするから、結局何も買わずにそのまま帰ってきたこともあります」

「それ、私もあります！」。即座に理恵は笑顔で返した。「男の子を2人連れていると、買い物どころじゃなくなりますよね」

理恵と私はスーパーの弁当を挟んで、男の子の子育て「あるある」をしばらく話した。

そのうち、「この子たちにはお姉ちゃんがいて、自宅で出産して、ゆりかごに預けたんです」と話しだした。

理恵が妊娠に気付いたのは10年近く前、夫と別居して実家に帰っていたときのことだった。

結婚して既に5年以上過ぎていたが、なかなか妊娠しなかった。「もう子どもはできないかもしれない」と半ば諦めかけていた。

生理が遅れ、「もしかしたら」と思った。子どもが欲しかったので、「正直、うれしい気持ちもあった」と振り返る。

ただ、大きな問題があった。子どもの父親が夫ではないことだ。

「ばれたらどうしよう」

喜びと不安の間で揺れた。妊娠したかも、と思いつつ、市販の検査薬を使って調べることはしなかった。

「妊娠ではないかもしれない。きっと違うだろう」と思いたい気持ちがあった。

「考えないことにしたんです。現実を見なければいいというか、問題から逃げてしまったんです。思考停止してしまった。あのころは本当に無知でした」

おなかが大きくなり、動きを感じるようになって妊娠を確信する。

「それでも誰にも言いませんでした。言ったらいけないと思い込んでいて……」

病院にも行かなかった。夫と別居して実家に戻っており、健康保険証は夫の家にあった。

「保険証をもらうには夫に会わなきゃいけないんです。会いたくなかったし、保険証がいる理由も絶対に言えません。病院に行けないし、中絶もできないと思いました」

周囲には隠した。細身の理恵が大きめの服を着ると、おなかの大きさは目立たなかった。

「隠しているのに、誰か気づいてくれないかなという気持ちもありました。甘い考えなんですが、誰か気づいて、『子ども育てていいよ』って言ってくれないかなって」

理恵が掛けてほしかった言葉は、意外にも「育てていいよ」だった。

赤ちゃんポストはテレビで見て知っていた。「助けてくれる病院」というイメージを持っていた。妊娠中、慈恵病院のホームページを何度も見て、生まれたら熊本へ連れて行こうと決めた。

理恵は最終月経から、「十月十日《とつきとおか》」となる出産予定日を計算していた。その2日前の午前5時ごろ、おなかが痛みだした。「子どもが生まれてくると思いました」というが、病院に駆け込むことはしなかった。

「江戸時代は家で産んでいたはずだって、自分に言い聞かせていたんです。昔の人にできたんだから、私にもできるはずって。今から思えば本当に安易な考えなんですけど」

誰にも頼らず、たった一人で理恵は子どもを産もうとした。

里帰り出産した姉が置いていったベビー服を引っ張り出した。陣痛が始まってバスタオルとビニール袋を、風呂場に備えた。

「おなかがすっごく痛かったんです。すっごく痛かった」

私も双子の息子たちを自然分娩《ぶんべん》したため、出産の痛みは経験している。想像を絶するあの痛みに一人で耐えたなんて、どれだけ心細かっただろうか。

理恵はあまりの痛さに携帯電話を取り、慈恵病院にかけた。午前11時ごろだった。

「つなぎますからお待ちください」と言われたが、待っている間に自分から切ってしまった。

「何て言っていいか分からず、怖くなってきて……」

「救急車を呼ぼうとは思いませんでしたか」と聞くと、目を丸くして首を大きく横に振った。

「救急車だなんて！　そんなこと全然考えませんでした。病院に行くという選択肢はなかったです。助けを求めようなんて、思わなかった」

しばらくして、「でも、手元にずっと携帯電話を置いていたんです。誰か助けに来てくれないかな、という思いはあったと思います」と振り返った。

風呂場で痛みに耐えながら「四つんばいになった」という。私は新聞社で企画した写真連載を思い出した。自宅出産をテーマに写真を撮り続けている福岡県大牟田市のフォトグラファー、児島由季子の写真と文章を２０１８年、40回にわたって掲載した。ここでいう自宅出産は、理恵のような孤立出産ではなく、助産師に来てもらい、夫や上の子どもたちに囲まれて、住み慣れた自宅で自然にお産することだ。

児島は、陣痛に耐える妻を懸命に支える夫や、生まれたばかりの赤ちゃんを胸に抱いて涙を流す母親、妹が生まれたと喜ぶお姉ちゃんの姿などをファインダーに捉えていた。自然なお産の場合、産婦は膝立ちになることが多いという話を、私は児島から聞いていた。自身も第3子を自宅出産した児島は、「重力に逆らわない方が楽なんです」と言っていた。

理恵にそうした知識はなかっただろうが、少しでも楽な体勢を探し、自然と四つんばいになったのだろう。原始的とも言える出産に臨んだ理恵の、それは本能的な行動だった。

私は孤独で壮絶な経験を聞きながら、人間が本来持つ力に驚かずにはいられなかった。

同時に、分娩台の上であお向けになって出産するのは、医療行為には都合がよいのだろうが、自然な形ではないのかもしれないと思った。

午後1時ごろ、赤ちゃんが生まれた。「袋に包まれていたんです」と言って、理恵は両手で円を描いた。破水せず、卵膜《らんまく》に包まれた状態で生まれてきた。「被膜児」（幸帽児）と呼ばれ、極めて珍しいケースだ。医療機関では陣痛が始まっても破水しない場合、医師が卵膜を破って破水させることがある。

「被膜児」は縁起がいいとされ、子どもは幸運に恵まれるという言い伝えがある。理恵は「袋があったから、衝撃が和らいだと思う」と話す。取り上げる人もいない状態で、四つんばいの姿勢から産み落とされても風呂場の床に頭を強打せず、生きていたことは幸運そのものだった。

理恵は袋を破って赤ちゃんを取りだした。女の子だった。「泣かせなきゃいけない」と思って胸をたたいて刺激を与えたところ、小さな泣き声を上げ、ほっとした。

「かわいい」。赤ちゃんを見たとき、そう思った。出産できたことにうれしい思いもあった。その一方で「この子の未来はどうなるのだろう」と考えた。

へその緒を洗濯挟みで止め、はさみで切断したところ、血が一気に噴き出した。頭から全身が血まみれになり、壁にも飛び散って動転した。風呂場も血だらけだ。

シャワーで血を流さなければ。この子を2階に上げなければ……。

まずは体についた血を流すため、起き上がろうとしたが、意識を失って倒れてしまった。どれくらい経ったのか分からないが、意識を取り戻すと、シャワーが出しっ放しになっている。

シャワーで血を流していると、また何か出てきそうな感じがした。出産から30分くらい経つと血の塊が出てきた。用意しておいたビニール袋に入れた。

赤ちゃんを抱え、はうようにして2階に上がったところでまた倒れた。立ち上がろうと、アルミ製のラックをつかんだが、今度はラックごと倒れてしまった。

「何度も何度も倒れました。でも、ラックが赤ちゃんの上に倒れなくて、運が良かったです」

風呂場をきれいにしようと1階に下りると、当時小学生だった弟が帰ってきた。

「けがしたけん、入ってこんで」。お小遣いを渡して「何か買いに行って」と言った。弟はただならぬ雰囲気を感じたようで、何も言わずに外に出て行った。

午後3時半ごろ、母親が帰ってきた。もう隠すことはできない。

「実はさっき、一人で子どもを産んだ」と告白した。

母親は「ちょっと買い物に行ってくる」と言って出掛け、おむつとミルク、ほ乳びんを買ってきた。そして「具合が悪いってことにしよう。寝てていいよ」と言った。

「母が買ってきたおむつを見て、そうだ、赤ちゃんにはおむつがいるんだって気づいたんです。ベビー服は用意したんですけど」と理恵は苦笑した。

母親は理恵の妊娠にうすうす気づき、「いつ話してくれるのだろう」と思っていたという。告白を受けても、一切問いたださなかった。

その日の夜、理恵は赤ちゃんをずっと抱っこして過ごした。

翌日、赤ちゃんを車に乗せて、母親の運転で熊本を目指した。バス通りから少し入ったところにある慈恵病院はすぐには見つからず、人に道を尋ねながらたどり着いた。

駐車場に止めた車から、理恵は赤ちゃんを抱っこして降り、赤ちゃんポストを目指した。建物の脇に扉があるのを見つけ、そっと開いた。手紙が置いてあったので受け取って赤ちゃんを置き、扉を閉め、来た方向と反対側に向かって歩き出した。

「その方が人目につきにくいと思ったんです」

私は理恵と一緒に慈恵病院周辺を歩いた。「ここの駐車場に車を止めて、こっちの入り口から入りました」と覚えていた。当時、赤ちゃんポストがあった場所を明確に指さした。ポストがあった場所から数メートル歩いたところで、「このあたりで『待ってください』という声が聞こえたんです」。

あの日、背後から3人ほどが全力で走ってきた。

理恵は立ち止まった。そのときのことをこう振り返る。

「声を掛けられるとは思っていなかったので、驚きました。誰とも会うつもりがなかったので、ジャージーを着ていたんです。でも、逃げようとは思いませんでした。すべてを話すときが来た、この子とのつながりが切れずに済んだと思いました。ほっとしたような気持ちです」

「つながり」という言葉を何度も使った。

「あのとき、声を掛けてもらったから、私はあの子の消息を聞くことができ、つながっていられるんです。なんだか、救われた気持ちです。あのとき、逃げなくてよかった。慈恵病院ではいたわってもらい、とても優しい言葉を掛けてもらいました。ゆりかごに助けてもらいました。車で数時間で行ける熊本にゆりかごがあってよかったです」

　慈恵病院では子どもを抱いた写真を撮り、プリントしてもらった。

「子どもと一緒に写った２枚の写真は、私にとって大切な宝物です。大事に、大事にしています」

「ゆりかごがあってよかった」。理恵はそう繰り返した。

　名乗らずに子どもを置いていける赤ちゃんポストを目指した理恵だが、声を掛けられ身元が分かってしまったことに「感謝しています」と言う。

「子どもを置くことはいいことではないと分かっているんです。だから罪の意識があります。あのとき逃げていたら、ずっと区切りがつかず、置いた子どものことを考え続け、罪の意識を抱えて心を病んでいたと思います。私がその後２人を産むことができたのは、あのとき声を掛けてもらったおかげ」

　自ら子どもを育てることはできなかったが、その子は養親の元で元気に暮らしているという。私は理恵の話を聞きながら、二つの相反する問いの中で行ったり来たりした。

匿名で子どもを置ける場所があったから救われたのか。

結果的に匿名ではなくなったから救われたのか。

正直に明かせば、私は赤ちゃんポストの取材をする中で、子どもをポストに置く親に対して当初いいイメージを持っていなかった。予期せぬ妊娠だったからといって、黙って置き去りにして、子どもを「いなかったこと」にするのはどうなのかと思っていた。

しかし、理恵と会って、子どもを育てたくなかった人というイメージを一方的に抱いていたことに気づき、自分が恥ずかしくなった。

目の前の理恵は「子どもを産んだことを、なかったことにはできない」と言った。

子どもの誕生日には心の中で祝い、その年を数え、袋に包まれていた姿を鮮明に思い出すという。

今ごろどうしているだろうか。元気にしているだろうか。養親にかわいがってもらっているだろうか。寂しい思いをしていないだろうか……。

おなかを痛めて産んだわが子を案じ、その幸せを願う「ごく普通のお母さん」だった。

赤ちゃんポストの真実　目次

赤ちゃんポストの真実

第1章　命を救う

こうのとりのゆりかご

熊本市西区の閑静な住宅街にある慈恵病院は、産婦人科主体の病院だ。ほかに小児科、内科などがある。ベッド数は98床。

正面玄関とは別に、車がやっと1台通れる細い道に面して、門がひっそりと立っている。中に入り、周囲に木が植えられた狭い通路を30メートルほど歩くと、建物の壁に小さな扉がある。

淡いピンク色を背景に、コウノトリが赤ちゃんを運ぶ愛らしい絵が描かれた扉の奥に、全国から注目を集める新生児用ベッドがある。

「こうのとりのゆりかご」

そう名付けられたベッドが設置されたのは２００７年５月。その前年に熊本県荒尾市で発覚した赤ちゃん遺棄事件の反省をもとに、「虐待され、遺棄される赤ちゃんを救う」ことを目的とした。親が育てられない子どもを匿名で預かる。

扉に向かって左側には優しく見守る白いマリア像。右側にはインターホンとともに「赤ちゃんをあずけようとしているお母さんへ　秘密は守ります　赤ちゃんの幸せのために扉を開ける前にチャイムを鳴らしてご相談ください」と呼び掛けるメッセージがある。

扉を手前に引くと、中にもう一つの扉がある。二重扉になっているのは、「お母さんお父さんへ」と書かれた手紙を受け取ってほしいからだ。「手紙を取ると扉のロックが解除され扉を横に開くことができます」と注意書きがある。

手紙には親へのメッセージと、病院の連絡先などが書かれている。

手紙を受け取って中の扉をスライドさせると、ベージュ色のふかふかしたマットが敷かれたベッドが現れる。インファントウォーマーという保育器で、上には保温のためのライトがある。預けに来た人はベッドにそっと赤ちゃんを置き、立ち去っていく。

赤ちゃんが置かれると、自動的に扉がロックされる。ナースステーションのブザーが鳴り、ランプが点灯する。モニターに保育器が映し出される。

看護師が駆けつけて赤ちゃんを保護するとともに、警察と児童相談所（児相）に連絡する。置かれた子どもは、戸籍法上「棄児《きじ》」として扱われる。いわゆる「捨て子」だ。警察や児相への連絡は、「捨て子を発見した申告」と位置付けられている。警察は置かれていたときの状況を「棄児発見申出書」に書き、熊本市に報告する。児相は子どもを一時保護する。

「こうのとりのゆりかご」の扉

慈恵病院外観

モデルはドイツにある。設置に至る詳しい経緯は後述するが、慈恵病院理事長の蓮田太二《はすだたいじ》は当初、もし子どもが預けられれば、不妊治療をしてもなかなか子どもが授からない人に託し、養子縁組して育ててもらおうと考えていた。

数については「１〜２年に１人預けられるかどうか」とみていたが、いざ始まると次々に子どもが預けられた。設置から約１カ月で３人。２０２３年３月までの約16年間で１７０人に上る。20年３月までに預けられた１５５人に関しては子どもたちの情報がある程度明らかになっており、障害児は17人、親が全く分からない子どもは31人を数える。

わずか５行

私は熊本の地方紙、熊本日日新聞（以下、熊日）で記者をしている（22年5月末で退社）。紙面整理をする部署に長く在籍した。整理というのは、新聞の見出しや紙面のレイアウトを考える内勤だ。取材現場に戻ろうとは思っていなかった。２０１０年に双子を出産した。過酷な子育てに加えて遠い実家、夫も同業という〝三重苦〟だった。長時間労働になりがちな取材現場には、もう出られないだろうと思っていた。かといってこの先、異動先は思い浮かばず、行き場がないと感じていた。

ところが15年春、思いがけず現場に戻ることになった。子育て関連の問題を担当することになった。「子ども」つながりで、赤ちゃんポストも担当になった。

当時、設置から8年。ポストの取材は初めてで地元なら誰でも知る程度の知識しかなかった。

テレビも新聞も、ポストは「命を救う」ためと表現していた。親が育てられない赤ちゃんを預かるだけでなく、全国から寄せられる妊娠に関する悩みに24時間３６５日対応し、懸命に命を守る活動をしている——。キリスト教系の慈恵病院は人工妊娠中絶手術をしていないこともあり、そんなイメージがすっかり定着していた。

私にしても「命より大切なものはない」という価値観は、子どものときから教え込まれている。「命を救う」ことはあらゆることに優先されるべきだと思っていた。

熊日では毎年、設置された5月前後に赤ちゃんポストに関する記事を出している。私は連載のための取材を始めた。

この年のテーマは「子どものその後」だ。ポストに置かれた子どもは児相が一時保護し、乳児院などに預けるとともに、身元が分からない場合、親を捜す。

身元が判明した場合、親の居住地の児相へケース移管される。親が引き取る意向があり、虐待の可能性がないと判断されれば親元に帰し、親子関係再構築のための支援をする。それが難しい場合は乳児院や児童福祉施設で養育されるか、里親に預けられる。里親と養子縁組が成立することもある。

身元が判明しない場合、熊本市児童相談所を通して施設に入所する。家庭引き取りの可能性がないと判断されれば、特別養子縁組で新しい家庭に入ることもある。

ただし、こうした流れについて明確なマニュアルや判断基準があるわけではない。児相が会議を開き、ケースバイケースで判断する。

里親は、親が育てられない子どもを預かって親の代わりに養育する。一方、特別養子縁組は実親との関係を断ち、法的に（戸籍上も）実子と同等の扱いとなることが特徴だ。

蓮田はポストに預けられた子どもが特別養子縁組で育てられることを望んでいるものの、実際はなかなか進んでいない。なぜ進まないのか。その問題点を探るため、最初に向かったのは、ポストに預けられた子どもが入所することのある施設だった。

この時点で私は、特別養子縁組に疑問を持っていなかった。しかし、施設長の話はまずその前提を覆すものだった。

「子どもに対して、あなたは養親のもとで育てられることが幸せですと、なぜ病院が決められるんですか。特別養子縁組で家庭に入れば幸せ、というのは幻想でしかありません。子どもを養子に迎えた人なら虐待しないという保証はどこにもありません。私たちも子どもは家庭的な環境で育てられた方がいいと考えていますが、家庭の中で虐待が起きても、密室ですからなかなか外から分かりません」

続いてポストに対する疑義とも取れる言葉を聞き、さらに面食らった。

「赤ちゃんには名前を呼び掛けますが、ポストに預けられた子どもには名前がありません。なんて呼んでいいのか分からなくて困るんです。市長が名前を付けるまで、とりあえず仮の名前で呼ばざるを得ません。それに子どもは絶対、親を知りたがります。つい先日も、40年以上前にうちの施設にいたという人が訪ねて来ました。『どんなことでもいいから、親に関する情報を知りたい』と言うんです。子どもには出自を知る権利があります。子どもたちが大きくなって親を知りたいと言い出したとき、どうするのでしょうか。だれも応えてあげられないんです」

施設長はため息をついた。

「だれが母親か分からない子どもを預かるのは大変なんです。職員の負担が大きく、実は『責任が持てない』と言って辞めた職員もいるんです。私たちがこれだけ苦労しているのに、慈恵病院がいいことをしているように報道では伝えられ、いいとこ取りじゃないですか」

子どもと接する職員が、仕事を辞めるほど疲弊しているという。

施設を案内してくれた別の職員は、こうも言った。

「母親が自分で育てる気持ちがない場合、もしかしたら妊娠中に飲酒や喫煙、薬物使用の可能性があるかもしれません。子どもの容体が急変しないとも限らず、突然死のリスクは高くなります。もし、万が一のことがあれば、『せっかく助かった命なのに、施設が悪い』と、大変な非難を浴びかねません。命が助かった、というのはきれいごとです。通常、子どもを預かる場合、親から母子手帳も預かり、アレルギーの情報も聞き取ります。何の情報もない子どもを預かるのは、相当ストレスがかかり、緊張を強いられます。正直言って、怖いんです」

　児童福祉従事者が緊張と恐怖の中にいることに、少なからず驚きがあった。職員はこう続けた。

「一つの施設で棄児として預けられる子どもは通常、10年に1人いるか、いないかです。私が会った、赤ちゃんポスト以外の棄児の子はもう中学生になっています。棄児を預かった経験は私たちにとっても忘れられません。ただ、ポストが設置された途端、毎月のように何人も、時には何十人も、棄児が連れて来られるんです」

　職員は私の目をまっすぐ見て、訴えかけるような表情でこう言った。

「赤ちゃんポストは育児を放棄してもいいと言っているようなものじゃないですか。子どもたちは遺棄されています。合法的な遺棄です」

　予想もしていなかった言葉に、戸惑った。「命を救う」という報道と、現場の実感は乖離しているのではないか。そう感じた最初の取材だった。

ただ、感覚的に私は「この話は書けない」と思った。もしそのまま書けば、「命を救っている人たちに対して何ということを書くのか」と、社内外から大変な批判が寄せられるに違いない。私や新聞社だけでなく、取材に応じてくれた施設の人たちにもその矛先が向けられ、かえって迷惑をかけると思った。

「命を救う」というストーリーを揺るがすことは、とてもできないと思った。

結局、この施設の取材で私が書いたのは、「名前がない赤ちゃんを何と呼んでいいか戸惑った。市長が名付けるまでの間、仮の名前を付けた」という部分だけだった。

新聞記事にしてわずか5行。施設の説明を含めても12行。

私は「空気」を読んだ。

元看護師長を訪ねて

しばらくして、産後ケアに特化した助産院の取材をする機会があった。出産後、自宅に戻った母子の支援が目的で、お産は扱わず、乳房《にゅうぼう》ケアをしたり、育児相談に応じたりする。

当時、熊本市内で開設が相次いでおり、複数の助産院を記事で紹介しようと考えていた。

　そのうちの一つ、新しい一戸建てに開設された助産院を訪ねた。

「授乳指導をしていますが、女性の記者さんなら入ってもいいと言われていますから、どうぞ」

　助産師の下園《しもぞの》和子が通してくれた部屋では、若い女性が2週間ほど前に生まれた赤ちゃんに授乳していた。

　女性は「初めての子育ては戸惑ってばかり。ここでおっぱいの飲ませ方を教えてもらい、気軽に相談できるので安心できます」と笑顔で話した。

　私も双子を両脇に抱え、同時に授乳していたころを懐かしく思い出した。

　髪をショートカットにした細身の下園は、当時63歳。笑顔を絶やさずちゃきちゃきとした印象で、濃いピンクのシャツがよく似合っている。

　助産院を開設した動機などを聞いていると、電話が鳴る。応対して切り、授乳指導をしていると、また電話が鳴るという忙しさだった。

「どうしましたか。おっぱいが心配？　足りてないか不安なんですね。でも不安だからミルクを足すと、赤ちゃんはおなかいっぱいになって、おっぱいを飲まなくなってしまいますからね。明日の2時なら空いていますよ」

　電話を切って授乳中の母親に話し掛け、その合間に私の取材にも応じてくれた。

下園は産婦人科のある医療機関に勤務していたが、「まだ体力があるうちに」と一念発起して助産院を開業したという。部屋には、養子縁組や虐待防止に関する新聞記事のコピーが貼ってある。

話しているうちに、以前、慈恵病院にいたことが分かった。ポスト開設当時は、看護師長だった。産後ケアに関する話が一通り終わり、赤ちゃんポストについて話を振ってみた。すると、にこやかだった下園の表情がみるみる険しくなった。

「今はみんないいことと思っていますが、将来の評価は変わると思います。ハンセン病の隔離政策や、不妊治療として匿名の人から精子をもらったＡＩＤ（非配偶者間人工授精、後述）など、そのときはいいことと思われていても、後から評価が変わったことはあります。ゆりかご（赤ちゃんポスト）も同じだと思います。子どもたちが成長して話し始めたら、変わると思います」

さらに下園は「たくさんの記者さんの取材を受けてきましたが、報道の人たちは結局、ゆりかごに賛成なんでしょう？」と言う。

その目は「あなたはどうなんですか」と言っているように見えた。

「賛成というわけではないんですけど……」と言葉を濁していると、下園が続けた。

「私たちはゆりかごが病院に設置されると、報道で知ったんです。報道が主導して、設置される方向になったんです」

報道が主導？　どういうことだろう。

もっと話を聞きたかったが、産後ケアに関する取材にもう1時間以上使っていた。助産院に別の来客があるようなので、「また話を聞かせてください」と頼み、取材を切り上げた。

相談電話

後日、あらためて下園を訪ねた。彼女は慈恵病院在籍中、「赤ちゃんのための電話相談」（その後、「ＳＯＳ赤ちゃんとお母さんの妊娠相談」に改称）を担当していたことがあるという。この電話相談が設置されたのは、ポストが設置される5年前の２００２年のことだった。胎児や子どもの命を守ろうと、24時間３６５日態勢で相談に応じる取り組みは先駆的だった。フリーダイヤルで受け付け、全国から相談が寄せられた。

病院は相談電話の普及に努め、そのネットワークづくりにも取り組んでいた。全国から視察も相次いだ。下園は寄せられる相談に耳を傾けた。

「何度か電話してくる人もいますから、名前を聞く代わりにニックネームを決めました。例えば好きな果物を挙げてもらう。ミカンと決めたら、次に電話するときも、ミカンと言ってもらうことにしました」

相手の声を覚えるよう心掛けた。

「あのときかけて来た人だと分かれば、以前の相談内容と合わせて、今妊娠何カ月ごろかという推定ができます」

陣痛が始まってからかけてくる人もいた。下園は電話の向こうの息遣いを聞き、何分おきに痛みが強くなっているかをストップウオッチ片手に計測した。そして「この間隔ならまだ余裕がある」「間隔が短いので、救急車を要請した方がいい」という判断をした。

救急車を呼んだときは、受話器二つを両耳にあてた。一つで女性と会話しながら、もう一つで救急隊とやり取りする。途中で電話は切らず、最後は駆けつけた救急隊と代わってもらい、到着したことを確認してから切ったという。

電話の途中で相手が出産したこともある。

「よくがんばったね、と励ましながら、赤ちゃんの泣き声がするかどうかを確かめます」

へその緒はすぐに切らず、赤ちゃんをバスタオルでくるんで温めることを電話越しに伝える。

「生まれたけど、どうしていいか分からない」という電話もあった。電話越しに赤ちゃんの声がする。無事だ。「今から迎えに行くからね」。そう言って、深夜、同僚を乗せて車を飛ばした。

熊本から高速道路を使って片道3時間。女性は「赤ちゃんの声を家族に聞かれると困る」と、自宅近くの別の場所にいた。下園が赤ちゃんを抱くと、足が冷たい。抱っこして温めた。

赤ちゃんと女性を乗せ、病院に帰ったときには午前5時を過ぎていた。女性は子どもを産んだことを「家族には言いたくない」と言い張った。

「大丈夫よ。あなたは言わなくていい。代わりに私が言うから」と下園が言うと、女性は素直にうなずいた。

家族に伝えると驚いた様子で、「すみません。今から熊本に行きます」と言ってすぐに駆けつけて来た。家族は頭を下げ、「私たちが子どもを育てます」と言ったという。

「自宅出産後の相談や飛び込み出産の場合でも、女性たちは『家族には言えない。言いたくない』と言いますが、言ってみればすんなり受け入れてもらえることもあります。隠さなきゃいけないというのは思い込みで、『なんだ、隠さなくてよかったんだ』と拍子抜けすることもあるんです」

病院は産後うつの予防にも取り組んだ。無料の母子訪問を2001年、独自に始めた。下園は「入院していたときに顔見知りになったスタッフが行けば、安心感があり、相手も受け入れやすい」と考えていた。

母親が切羽《せっぱ》詰まった様子で、産後うつの可能性があると感じれば、「今日一晩、病院でゆっくり寝ない？　赤ちゃんは預かるから」と入院を勧めた。地域の保健師に連絡して相互訪問するようにしたり、症状が重い場合は精神科医への紹介状を医師に書いてもらったりした。

入院費用は本人に請求しなかった。

「蓮田理事長は『顔をなでる程度じゃだめなんだから』というのが口癖でした。表面的な支援ではいけない、支援を惜しんではならないという意味です。入院費用は病院の負担となりましたが、理事長には何も言われたことがありません。患者の状況を報告すると、いつも『どうもありがとう』と言ってくださいました。理事長のもとでは、仕事がしやすかった」

下園はそう振り返る。

まず写真を撮る

２００７年5月、赤ちゃんポストが設置されると、下園は子どもや親と接触する最前線に立つことになった。赤ちゃんポストに子どもが置かれたことを知らせるナースステーションのランプが点灯すると、駆けつけた。

「でも、病棟内は走ってはいけない。患者さんが『何があったのだろう』と動揺しますからね。患者さんに足音が聞かれないところは懸命に走りました」

子どもを置いて去ろうとする人に声を掛けた。泣きだす人もいれば、「匿名でも受け入れてもらえるんでしょう」と言い張る人もいた。無理に名前を聞こうとはしなかった。

「私の携帯を教えておくから、何かあったら電話して」と、着信を残すため相手の携帯番号を聞き出した。

「口頭で番号を聞いても、本当かどうか分かりません。その場でかけて相手の電話が鳴るのを確かめました」

ただちに医師に連絡する。置かれた赤ちゃんはまず感染症を疑い、隔離をする。スタッフはガウンを着て採血し、レントゲンを撮り、医師が健康チェックする。

何グラムで生まれたのか。予防接種を受けているのか。アレルギーがあるのか。心疾患はないのか。母親の妊娠週数はどのくらいだったのか。何も情報がない子どもへの対応は慎重にならざるを得ない。

下園は赤ちゃんが置かれたときのことをこう振り返る。

「駆けつけた看護師はよく泣いていました」

看護師が泣いたのはなぜだろう。「子どもを無事に保護できてよかった」と喜んで泣いたのか。

「この子のママがいなくなってしまった。この子がかわいそうだ、と言って泣いたんです」

現場の看護師たちは、「命を救った」という思いより、「子どもが置いていかれてしまった」という現実に打ちのめされた。

何も言えない赤ちゃんが静かに置かれているのを見て、いたたまれなかったという。

看護師が「私が引き取って育てたい。家族に話してみる」と言い出すこともあった。しかし、ポストに置かれた子どもは棄児として扱われるため、児相が保護するのが決まりだ。その後の処遇も児相が決める。

赤ちゃんが置かれたときの記録には、写真をつけた。赤ちゃんだけを撮るのではなく、看護師に抱っこされた姿を撮影した。

「抱っこしてかわいがっていた人がいたんだよ、と赤ちゃんに伝えたかったんです」

写真を色紙に貼り、ディズニーのキャラクターのシールで飾った。児相を通して将来、本人に渡すために。

親がいない赤ちゃんたちを、看護師たちは積極的に抱っこした。中にはおもちゃを買ってくるスタッフもいた。「おもちゃ代、出すよ」と言うと、「いいです。好きで買ってきましたから」と言われた。

ある程度大きくなってから預けられる子どももいた。1歳程度とみられる子どもは、児相職員に抱っこされても大人しかった。母親を求めて泣くこともなかった。

「親との愛着形成ができていなかったのだろう。この子にとっては、預けられたことは良かったのかな」と思ったという。

だが、下園は次々に連れて来られる子どもたちを見て、「この子たちにとって、親が分からないことは将来に禍根《かこん》を残すのではないだろうか」と考えるようになった。いつまでも赤ちゃんではない。そのうち成長して大人になる。

三十数年ぶりの再会

下園には赤ちゃんポストができる以前に、こんな経験がある。先天的な病気を持つ女の子を授かった親は、その事実をなかなか受け入れられなかった。抱っこしても泣いてばかり。「親の反対を押し切って結婚したからだろうか」などと言って、自分を責めていた。

下園は仕事を終えた後も、この子を抱っこしに行った。福岡の病院で診察を受けることになり、下園も車に同乗し、赤ちゃんを連れて行ったこともある。

時間はかかったが親は子どもを受け入れるようになった。

それから三十数年後、元気に成長した女性が、今度は自分の出産のため慈恵病院を訪れた。「私が赤ちゃんだったとき、とてもお世話になった助産師さんがいたそうです。会えませんか」とスタッフに話したという。

その助産師は下園だった。下園もこの子のことをよく覚えていて、感動的な再会になった。

「赤ちゃんだったときのことを、さかのぼるときがくる」と感じた。

女性によれば、親は出産直後に蓮田から言われた「出産おめでとうございます。立派な赤ちゃんですよ」という言葉を支えとして、子育てをまっとうしたという。

下園にとって、この女性と、赤ちゃんポストに置かれる子どもが重なる。

「自分がその子どもだったら、生まれたときのことを知りたいと思います。どんな人に助けられたのか、親は誰なのか、知りたいでしょう。でも、戸籍を調べても親の名前はありません。親がどんな人か聞いても、誰も答えることができません。どんな思いをするのでしょうか」

さらに赤ちゃんポストに置かれた子どもが大人になり、自分の子どもが生まれたとき、「おじいちゃん、おばあちゃんはどんな人だったの」という問いに、本人は答えることができない。答えられない親を見て、「聞いてはいけないことを聞いてしまった」と、その子どももつらい思いをする。

「自分のルーツが欠落してしまう。出自と命は対立するものではなく、どちらも守っていけるものなのではないかと思うのです」

子どもをポストに置く前に、会って相談に乗りたいと思うようになった。

下園は、病院付近をうろうろしている人には積極的に声を掛けた。子どもを預ける前に下見しているように見えた。

電話相談で「今から預けに行きます」と宣言する人もいれば、相談内容から、「この人は今日のうちに預けに来るかもしれない」と思うこともあった。そんなときは、ポストの扉の前にパイプ椅子を置き、スタッフを待機させた。

赤ちゃんポストは「匿名」で預かることを想定している。積極的に接触しようとする下園は、病院幹部から「声を掛けなくていい」「親を捕まえなくていい」とたびたび注意された。しかし、「もし自分がこの赤ちゃんだったら」と思うと、声を掛けずにはいられなかった。

子どもが成長したとき、「出自を知る権利を奪われた」と病院が裁判で訴えられるのではないか、とも思っていた。

「そのとき、実は現場では親の手掛かりを残そうと必死だったことが分かれば、結果的に病院を守ることになると考えていました。預けに来る人は何らかの問題を抱えているはずです。その問題が何か分からなければ、解決の糸口も見つからないじゃないですか」

慈恵病院では多忙を極めた。「下園さんがいると安心できる」というスタッフの声を聞き、積極的に当直を引き受けた。月曜の朝7時半に出勤し、水曜の夜10時半まで働くことはザラだった。いつも着替えを４組、病院に置いていた。

ある日、朝礼でスタッフにこう話した。

「理事長は匿名で預かると言われますが、私はそれがいいとは思いません。子どもが大きくなったとき、誰から生まれたのか、出身はどこなのか、どんな理由で預けられたのか、知りたいと思います。先祖が分からないことは苦しみになるでしょう」

赤ちゃんポストの最前線に立った下園は、病院では「ポスト賛成派」と見られていたが、この日を境に、「本当にこのままでいいんでしょうか」と声を掛けられるようになった。

表立っては言わないが、現場の看護師だけでなく、技師や事務職員らにも葛藤があるようだった。

スタッフの精神的不調

赤ちゃんポストが設置された２００７年5月から08年3月までに、置かれた子どもは17人に上った。ほぼ毎月のように預け入れがあり、そのたびに涙を流す看護師もいた。

「出産を『なかったことにしたい』という気持ちが感じられ、産婦人科で働くスタッフたちは傷ついていました」

やがて、スタッフの中には精神的な不調を来《きた》す者まで現れた。スタッフのケアも必要となった。下園は「子どもは救われたんだよ」と言い聞かせた。だが、そう語る自らが疑問を抱いていた。

「救われたと思わなければ精神的に続かない。でも、実際は親に捨てられていると感じていました。捨てられる子どもたちを見て、救ったと喜べるでしょうか」

辞める職員も出るようになったが、慰留はしなかった。

「何か大変なことに加担させられているような気がしていました。これが本当に正しいことなのか、疑問がわいてきたんです」

開設当初から、「命を守る」という崇高な理念と、子どもを見て涙を流し、「捨てられている」と感じる現場の間には、乖離が生じていた。下園も体調を崩しがちになる。

「管理職の立場から、スタッフのケアもしなければなりません。でも今思い返せば、一番ケアが必要だったのは私だったんじゃないかって……」

その後の取材でこうした疑問を持つのは、下園だけではないことがだんだんわかってきた。私はある会合で、赤ちゃんポスト開設当時、慈恵病院で医療スタッフをしていた人と会った。

ゆったりとした口調で話す女性は、こう振り返る。

「病院の中でゆりかごに疑問を持つ人は少なくなかったんです。『いいことをしている』という感じは持てませんでした。口には出さなくても、反対だと思っていたスタッフも多くいました。子どもを捨てるところをつくるなんて、という感じです。一方で医師の多くはノータッチ。病院全体が一丸となってポストに取り組もうという雰囲気ではありませんでした」

診療中、看護師が持っていた相談専用の携帯電話が鳴り、対応するため別室に移動すると、「目の前にいる患者の診療が優先ではないのか」と苦言を呈《てい》する医師もいた。電話してくるのは切羽詰まった人ばかりではなかったからだ。

子どもが預けられれば児相に連絡して、保護を依頼する。

「病院は単なる入り口でしかないんです。預けられた子どもを病院幹部が見に来ることもほとんどありませんでした。スタッフは子どものその後を知ることはできません。どんな名前を付けられたのか、親が判明したのか、養子縁組が成立したのか、何も分かりません。子どもの数しか分からず、私たちにとっても、子どもの『顔』は見えないんです」

私は赤ちゃんポストについて善き行いとしか認識していなかったが、現場の人たちは複雑な思いを抱えていた。

顔が見えない人の命を「救っている」と言えるのだろうか。頭の中をそんな問いが駆け巡った。

私はこの女性に当時のことをもう少し詳しく聞こうと、日を改めて電話して取材を申し込んだ。こう言って断られた。

「当時のことを思い出すのはつらいんです。できれば、あまり思い返したくない。申し訳ないのですが、そっとしておいてもらえませんか」

もしポストがなければ

赤ちゃんポストに子どもが置かれると、熊本県中央児童相談所（中央児相）に通告することになっていた（現在は熊本市児相）。

当時、中央児相で児童相談課長だった黒田信子はメディアの取材も受け、発言していたが、私が取材を始めたときには既に定年退職していた。

誰に連絡先を聞こうかと考えていた２０１７年3月、熊本市民会館で開かれた熊本県社会福祉士会の学会を取材した。会の冒頭、「会長の黒田信子がごあいさつ申し上げます」という司会者の声を聞いて、思わず「あっ」と声を上げそうになった。

あいさつを終えて舞台から下りて来た黒田を追って、声を掛けた。

「中央児相にいらっしゃった黒田さんですよね。ゆりかごの取材をしているのですが、今度ゆりかごのお話を伺えませんか」

「はい。いいですよ。言いたいこと、いっぱいありますから」

その場で携帯電話番号を教えてもらい、後日連絡を取った。

黒田は県社会福祉士会の会長のほか、里親支援のＮＰＯ法人「優里《ゆうり》の会」でも活動している。スクールカウンセラーとして小中学校にも行き、多忙な毎日を送っている。

相談業務を長く続けてきた黒田は、相手をふわっと包み込むような柔らかな話し方だが、芯の強さも感じさせる。今のように子育て支援が充実していない時代に、子ども3人を育てながら県職員として定年まで勤めあげた。

熊本市内の2階建てアパートの1室にあるNPO法人事務所で、取材に応じてくれた。

黒田は赤ちゃんポスト設置構想を初めて知ったとき、「釈然としなかった」という。

「育てられない親のために、子どもを預けるシステムは既にあります。今どき、『あなたが産んだんだから何があっても自分の手で育てなさい』などと言う人はあまりいないでしょう。養親に託すこともできますし、一時的に施設へ預けることもできます。シングルマザーが子育てするためのサービスも充実してきています。いろんな選択肢があるんです。でも、子どもに事情を説明せず、黙って置いていくのは、産んだ親にとっても区切りがつかないんじゃないかと思うんです。養親に託すなら託した後、親も自分の人生を生きていくことが大切ですからね」

赤ちゃんポスト設置当時、中央児相では情報管理を徹底するため、ポストに関することは所長と黒田だけで扱った。黒田は通告を受けると、昼だろうと夜だろうと慈恵病院に駆けつけた。

「1年に1人置かれるかどうか」という当初の想定と違い、次から次に子どもが置かれる事態に戸惑った。主に児童福祉畑を歩いてきた黒田は、親が分からない子どもも見てきた。

「親が分からない子どもは、自分はどこか人と違うという違和感を抱えます。親はどこにいるのか捜し続け、いつか迎えに来てくれることを願います。親と一緒に暮らせなくても、親が分かっていることは子どもにとっていつか会えるという希望になります。でも、わずかな希望すら持てない子どもたちの将来はどうなるのだろうと、気がかりでなりません」

　真剣な表情で黒田は続けた。

「子どもの命を助けたかったから殺さずにポストに連れて来られた、と言えば、自分は親にとって殺したいほど邪魔な存在だったのかと思います。子どもは親に愛されたがっているんです」

　病院は匿名を掲げていても、親が分からない子どもがいたら、親を捜すのは児童福祉の原則だ。黒田は子どもの親を捜した。子どもが着ていた服の流通ルートを調べるなど、わずかな手掛かりを元に徹底的に調査をした。

　捜しだした親のもとに行くと、反応はさまざまだった。

「やっぱり。来ると思っていた」と素直に認める人もいれば、「何のことですか。私ではありません」と否定する人、「匿名だったんじゃないのか」と激しい言葉を浴びせる人もいた。

「匿名でしょ」と言われても、引き下がらなかった。児童福祉の立場からは、親の匿名を認めることはできない。

「もし親が分からなかったら、子どもたちが将来、『どうして親をもっと捜してくれなかったのか』と言うと思うんです。『しっかり捜して』という子どもたちの声が、聞こえるようでした」

病院で出産したと思われるケースもあった。病院から贈られたらしい紙おむつや粉ミルクの試供品などが、赤ちゃんとともに無造作に置かれていたことに、「いらないもの、みたいな感じ」がして、ショックを受けた。預けに来た親に前出の下園が接触して留まらせているうちに、黒田が駆けつけたこともある。

遠方の学生は、出産したその日に飛行機に乗って来た。まだ出血が続いている状態だった。

「とても危険なことですが、逆に言えば女の人って強いな、と感じました」

赤ちゃんのへその緒を文房具のはさみで切断していた。それでも元気に生きる子どもの生命力に感心した。学生は「学校を辞めたくなかった」と話した。学生の両親と話し合いをした結果、両親が赤ちゃんを育てることになり、学生は学校に通い続けることができた。

不思議な光景を目にしたこともある。

子どもが複数いる家庭で、さらに生まれた子どもを家族総出で預けに来た。小学生くらいの女の子が赤ちゃんを抱っこしていた。赤ちゃんの姉という。母親は赤ちゃんの姉たちに「しばらく預ける」と言い聞かせていた。

病院で面談することになった。ちょうど昼食の時間になり、病院側から家族に食事が提供されると、家族はきれいに食べたという。

聞くと、「経済的に苦しい」というのが預けに来た理由だった。匿名にこだわっているわけではない。

ポストを語る際によく持ち出されるのが、ポストがなければ赤ちゃんは殺されていた、という考え方だが、このケースは明らかに違った。

「この家族は、赤ちゃんポストがなければ、苦しくても自分で育てていたはずです。ポストがあったから、安易に連れて来たのだと思います。育てられない事情を抱えたほかのケースでも、ポストがなければ児相に来ていたと思われます。ポストがなければ子どもを殺していた人たちではありません。この人たちに必要なのは、子どもを黙って置いていける場所ではなく、抱えた問題をどうすれば解決できるか、一緒に考えてくれる人の存在です」

黒田は長年、児相に勤務し、子どもを虐待する親にも関わってきた。

「ポストに子どもを置く親と、虐待する親は全く違います。虐待する親は自分で子どもを育てたいと思っていますが、感情のコントロールがうまくできなくて虐待してしまうことがあります。児相が子どもを保護した場合、取り返そうと懸命になります。一方、ポストに子どもを置く親は、自ら子どもを手放そうとしています。タイプが全く違う親なんです」

赤ちゃんポストをテーマに２０１０年、熊本市で開かれた日本子ども虐待防止学会学術集会で、黒田は「子どもにとって出自や親が残した言葉は、生きていくための支えになります。親には、子どもに対し、育てられない事情を説明する責任があります」と発表した。

このとき、会場から「命を救わなくていいのか」というやじが飛んだという。

黒田は「命を救うためと言えば、誰も否定しません。その陰で、子どもへの影響が見過ごされてしまっていると思います」と指摘する。

「子どもにとって親の情報は必要なんです。絶対」

黒田は「絶対」と力を込めた。鬼気迫るほどの真剣な目に、圧倒される思いがした。

「ポストがなければ子どもを殺していた人たちではない」という黒田の話には、説得力があった。実際、その親たちと会って話しているからだ。

ただ、この話もそのまま書けば、「何ということを書くのか」と批判を浴びてしまうだろうという恐れのような感情が、まだ私の中にあった。

第２章　市長の葛藤

熊本地震発生

　産後ケアの取材で知り合った下園和子に、あらためて赤ちゃんポストについて話を聞きに行ったのは、２０１６年４月14日のことだった。

　この日付をはっきり覚えているのは、取材の３時間半後、熊本地震が発生したからだ。

　午後９時26分、私は自宅の台所で茶わんを洗っていて、立っていられないほどの激しい揺れに襲われた。戸棚の食器が次々と落ち、音を立てて割れた。

　寝ている双子のもとに慌てて駆けつけて、覆いかぶさった。

余震が続く中、仕事に向かう準備をしていると、起きてきた長男が「お母さん、どこ行くとね。どこにも行かんでよ」と泣いた。息子たちは、2日前に小学校に入学したばかりだった。

記者はこういうときこそ、仕事をしなければならない。泣く息子を夫に託して、家の片付けもできないまま、私も泣きながら仕事に向かった。

このときから来る日も来る日も地震の取材に追われ、下園の話をまとめることも、赤ちゃんポストの取材を進めることも難しくなった。

熊日では地震の記録を残そうと、「熊本地震　あの時何が」と題した連載を始めた。百貨店や動植物園などの「あの時」を人々の証言とともに振り返る企画だ。私は熊本市民病院の担当になった。市民病院は14日の地震では持ちこたえ、多くの救急患者を受け入れた。しかし、28時間後の16日未明にさらに大きな地震が発生した。市民病院は16日の地震で甚大な被害を受け、３１０人の入院患者はほかの医療機関への搬送を余儀なくされた。建物は耐震基準を満たしていなかった。

市民病院にはＮＩＣＵ（新生児集中治療室）があり、熊本県内の周産期医療の中核を担っていた。県内の極《ごく》低出生体重児や心臓疾患のある赤ちゃんのほとんどが運ばれていた。

地震当時、ＮＩＣＵとＧＣＵ（新生児回復治療室）には、38人の赤ちゃんが入院していた。

小さく生まれた赤ちゃんは、体温調節がうまくできない。温められた保育器から出されただけで命の危険がある。看護師たちは自分が着ていたカーディガンを赤ちゃんに着せ、抱っこして温め、余震のたびに覆いかぶさった。自力呼吸ができない赤ちゃんには、手動の酸素バッグを一刻も休まず動かし続けた。

医師たちは大急ぎで搬送先を探し、県内外のＮＩＣＵのある病院の医師たちも大急ぎで駆けつけた。熊本大病院の医師は赤ちゃんを迎えに行くため、救急車の運転を委託しているタクシー会社に連絡した。しかし、タクシー会社も被災し、運転手が確保できなかった。医師はとっさの判断で自ら救急車を運転し、赤ちゃんを搬送した。その結果、１０００グラムに満たない赤ちゃんもいたが、全員無事だった。「奇跡的」だという声を聞いた。

市民病院の建物が耐震基準を満たしていないことは、２００２年に実施した耐震診断で判明していた。熊本市は市民病院をはじめとする防災拠点施設の耐震化を16年3月までに終える目標を設定しており、市民病院は建て替える計画があったが、結果として間に合わなかった。

市民病院の耐震化が間に合わず、市民生活に大きな影響が出たことをどう思っているか聞こうと、当時の市長、幸山《こうやま》政史《せいし》に取材を申し込んだ。

幸山が熊本市長に初当選した02年は、市が市民病院の耐震診断をした年だ。「熊本地震あの時何が」の連載の最後に、幸山のひと言を入れたいと思っていた。

幸山は熊本県議会議員だった父のもとに生まれ、大学卒業後、銀行に就職した。29歳だった１９９５年、県議選で初当選。自民党県議2期目の途中だった２００２年、37歳という若さで熊本市長選に出馬し、優勢とみられていた現職を破った。その後3期12年、市長を務めた。

16年の熊本県知事選に立候補したが、現職蒲島《かばしま》郁夫に敗北した（54歳となった20年3月の県知事選にも出馬したが、再び蒲島に敗れた）。

17年3月、事務所を訪ねると、幸山は在任中と変わらず、ネクタイを締め、背広を着て出迎えてくれた。

１００人のうち１人

幸山は、移転候補地を探したが条件に合う土地がなかなか見つからなかったことや、病院から見える江津湖《えづこ》の風景が好評で、現地建て替えを望む声が多かったこと、ＮＩＣＵの充実に尽力してきたことなどに触れ、こう言った。

「決して放置していたわけではありませんが、今思えばもっと迅速にすべきだったと痛感しています。充実に努めたＮＩＣＵの機能が失われたことは、忸怩《じくじ》たる思いがあります」

　コメントは取れた。市民病院の「あの時」の取材は困難だったが、これでようやく連載が完成できそうだと安堵《あんど》した。

　幸山にこれまでの取材の経過を簡単に説明した。福岡の救急隊は「市民病院のスタッフはとても冷静で、迅速に動いていた」と感心していたこと、ドクターヘリで往復して赤ちゃんを運んだ鹿児島市立病院は、２年前に移転新築が完了していたこと……。そろそろ帰ろうとノートをバッグに入れ、別れのあいさつをしようとした瞬間のことだった。幸山が思い詰めたような顔で切り出した。

「ゆりかごのこと、悩んでいるんですよね。預けられた子どもが大きくなって私の目の前に現れ、『あなたが許可したせいで、私は親が分からない人生になってしまったではないか、どうしてくれるんだ』と、問い詰められるのではないかと考えるんです」

　私は赤ちゃんポストについて何も聞いていなかった。後述するが、幸山は熊本市がポスト設置を許可した当時の市長だ。幸山は、赤ちゃんポストに置かれた子どもたちのことをずっと考え続けていたのだ。

　取材を受けて任期中の出来事を振り返ったことで、心の中に抱えているものがあふれてきて、思わず吐露したように見えた。

私は慌ててバッグから再びノートを取り出した。

「そう問い詰められたとき、幸山さんは何と答えるんですか」

「分からない。何と答えていいか、分からない」と言って幸山はうつむいた。

「考え続けていますが、明確な答えが出せません。法的に許可しないという理由がなかったと言っても、その人の人生には何の関係もないでしょう。子どもが一人でも救われるのなら、という思いだったのですが、子どもたちは本当に救われているのだろうかと考えるんです。子どもにとって、本当に幸せなことだったのか。もしかしたら、幸せなことではなかったのかもしれない、と……」

幸山は深いため息をついた。

「子どもの幸せ」という言葉は、赤ちゃんポスト設置当初からよく使われてきた。

2014年12月、3期の任期を終えて退任した幸山は会見で、在任中に最も悩んだ決断として赤ちゃんポスト設置許可を挙げ、「今でもあの判断がどうだったのか考えている。子どもたちの幸せにつながる施設になるよう注目しなければならない」と強調した。

退任してから2年たっても、子どもたちの幸せを考え続けていた。

「子どもたちは救われているのだろうか」という思いを、病院関係者に話したところ、「間違いなく救われた子がいます」という答えが返ってきたという。

「本当に救われたのなら良かったと思いました。でも、そう言える子はもしかしたら100人のうち1人かもしれない」

　幸山の迷いは晴れなかった。

「許可の判断が間違っていたとは思いませんが、子どもにとって将来、どういう影響を与えるのか考え、責任の重さを、ずっと背負い続けなければならない」

　そう言って視線を落とした。その表情には深い苦悩がにじんでいた。いつもはにこやかな幸山の、これほど苦しそうな顔を見たのは初めてだった。

箝口令

　帰り道、ＮＩＣＵと赤ちゃんポストのことが頭の中をぐるぐる回った。ふと、両者に共通点があることに気が付いた。目的が同じだ。

「赤ちゃんの命を救う」

　ＮＩＣＵの医師たちは、そこにいる赤ちゃんのために、午前2～3時に連絡を取り合って駆けつけた。日ごろから顔の見える関係を築き、お互いの携帯電話番号を知っていた医師たちの連携はスムーズだった。

しかし、病院にやってきたＤＭＡＴ（災害派遣医療チーム）とのコミュニケーションはうまくいかなかった。ＤＭＡＴは阪神・淡路大震災をきっかけに発足し、災害現場で救急医療を施すことを目的にしたチームだ。

地震当時、病院側とＤＭＡＴの間では情報共有ができず、1人の患者を運ぶためにドクターヘリが2機手配されるなど混乱した。ＤＭＡＴが去った後、市民病院の職員たちはＤＭＡＴが来たことは知っていても、どこの医療機関のチームだったのか、ほとんど知らなかったのだ。

ＮＩＣＵの医師たちに「よく赤ちゃんたち、無事でしたね」と言うと、病院の医師は「冬だったら体温が保てなかったかもしれません。春だったことは不幸中の幸いでした」と言い、駆けつけた医師は「私にできることをしただけです」と言った。

「私が命を守りました」とは誰も言わない。そこには、目の前の患者に合った最善の方法を考え、不眠不休で手を尽くす医師や看護師たちの姿があった。命を守ることは、医療の務めなのだ。

赤ちゃんポストのことを考えた。「目的」が同じと指摘したが、大きく違う点がある。子どもを黙って預けることができる「場所」が作られた。だが、「場所」が赤ちゃんの命を救うわけではない。困っている人に手を差し伸べるのは「人」である。

もちろん慈恵病院の職員の献身は疑うべくもない。子どもたちを救うという理念もある。だが、ＮＩＣＵの医師たちが懸命に自分の職務を果たそうとする姿を見ると、両者の違いに思いを巡らせてしまう。ＮＩＣＵの医療はエビデンス（科学的根拠）に基づき、赤ちゃんポストは理念に基づいている。慈恵病院関係者の中には理念を持ちつつも、迷いを抱えている人が少なからずいるように思う。

幸山もまた、迷いを抱える一人だった。

２カ月後の５月、幸山は慈恵病院で職員や報道関係者を前に講演した。私も取材に行った。

幸山は病院側から「ゆりかごの立役者の一人」と紹介されたことに、少し困ったような表情を浮かべた。「講演を引き受けるかどうか戸惑いました」と率直に語り、引き受けた理由は「並々ならぬ努力で預けられた赤ちゃんを懸命に守り続けてきた職員のみなさまに心から敬意を表したい」からだと話した。

「初日に子どもが預けられたことに驚きました。ただ、１件だけではなく、その後も相次いで置かれる子どもが続く現実を突きつけられました。驚いてばかりもいられない。戸惑ってばかりもいられない。しっかり対応していかなければならないと思いました」

「年に１人、預けられるかどうか」。そう考えられていたが、想定と違う事態に幸山は驚くことになる。後述するが、初日に預けられた子どもは赤ちゃんではなく3歳児だった。さらに子どもが預けられるたびにセンセーショナルに報道された。

その戸惑いは、幸山だけでなく、市や県の職員にも共通したものだっただろう。

開設翌月の２００７年６月、熊本県は赤ちゃんポストに関する緊急研修会を開いた。知事の潮谷義子は預けられた子どもに関する報道が相次いだことについて、「子どもの人権を守る観点から情報管理は徹底すべきだ。関係機関の職員は守秘義務を忘れてはならない」と述べた。

当時の記事は「厳しい箝口《かんこう》令」だと表現している。

顔を見ないで名前を考える

幸山はなぜ、赤ちゃんポストについて悩んでいると私に話したのだろうか。そもそも私がポストも担当していると知っていたのだろうか。

２０１９年４月、幸山は次期知事選を目指して、県内各地をくまなく回り、精力的に活動していた。その合間に時間を取ってもらい、熊本市内の事務所を再び訪ねた。

「今日は職員が不在で」と言いながら、自らコップに麦茶を注いでくれた。

――今日はゆりかごについて伺いたいと思ってきました。子どもの名前や本籍地も考えますよね。どんなお気持ちなのかを教えてもらえますか。

　そう聞くと、「ああ、またその話」と言って幸山は苦笑した。これまで何度も聞かれているのだろう。

「こんなこともしなければならないんだな、その子が受け入れてくれるだろうか、という気持ちです。私の子ども3人に名前を付けたときのことを思い出しました。でも、違うんです。自分の子どもの場合、抱っこして顔を見ながら喜びや明るい未来を感じ、大きくなったらどんな人になるのだろうと思いながら名前を考えました。ゆりかごに預けられた子どもの場合、顔を見ないで名前を考えるんです。写真も見ない。担当者から話を聞いて、想像を膨らませて考えます。行政の手続きの一つで、書類上の話なんです。ゆりかごを許可したということは、こういう場面にも出くわすのか、と。重い判断をしたのだと思いました」

――預けられた子どもに会ったことはありますか。

　幸山は即座に首を横に振った。

「ない。会いに行ってはいけないのではないか。自分が現れると、その子にどういう影響を与えるのか。動揺させ、傷つけてしまうかもしれないという恐れがあります」

――設置初日に3歳児が預けられましたね。

「驚きました。許可する前、どれくらい子どもが置かれると思いますか、と質問を受けましたが、分からないと答えました。病院の蓮田理事長は、年間1件あるかないかでしょうと言われており、正直、そんなに件数は多くないのではないかと思っていました。わが子を預けてしまうことは、簡単にできることではないと思っていました。初日に子どもが預けられ、しかもある程度成長した子どもだったことは二重の驚きでした」

――想定と違う利用のされ方をするのではないかと、考えませんでしたか。

「（初日の3歳児は）想定外だったと認めざるを得ません。想定内、想定外と、はっきり分けられるものでもありません。きちんと検証しなければならないと思います。それが、情報公開の問題につながっていきますが」

――最初は件数だけ年1回公表するとされましたね。

「実は公表することは、数も含めて考えていませんでした。いろいろ問題が出てきて、公表をどうするのかと問われて、『年間の件数くらいでしょうか』と答えました。事前にどこまで公表するのか、ということまでは準備していませんでした。ただ、年間1件だけなら、公表できないのではないかと考えていました。個人情報が特定される可能性がありますから」

個人情報という言葉を使い、熊本市は情報開示を拒んできた。しかし、そもそも置かれた子どもはいつ、どこで誰から生まれたのかという自分の基本的な個人情報が分からない。

——個人情報が分からない人の個人情報が特定されるとは、どういうことですか。

幸山の表情に苦渋の色がにじむのが分かった。

「いつごろ子どもが預けられたという情報が分かれば、『あの子ではないか』と周囲に分かってしまうことを恐れました。だから1、2件なら公表できないだろうと考えました」

——ゆりかごに入れられたことが個人情報という意味ですか。

「そうです。その後、報道各社から『ゆりかごがブラックボックス化する』という意見があり、公表範囲を広げました」

公表をどうするか、熊本市は準備をしていなかった。検証組織の設置も、事前に準備されていなかった。潮谷が定例記者会見で組織設置の検討を表明したのは、設置翌月の6月。1カ月半で既に3人が預けられた後だった。

行政機関としては、法律に書かれていない仕事に対する準備は難しいのだろう。

「子どもの幸せ」とは

　幸山にさらに聞きたいことがあった。

——子どもの幸せとは何ですか。

「子どもの幸せ……。人それぞれですよね。押しつけちゃいけない。幸せとは……。言葉が見つからない」

　幸山は言葉につまった。

——幸せだと本人に思ってほしい、ということですか。

「そうです。幸せな人生を送ってほしいという気持ちはあります」

——私は前回、市民病院の件で取材に来ました。なぜあのとき、ゆりかごのことを話したのですか。

「ＮＩＣＵの赤ちゃんと重なる部分があったのかもしれません。市民病院の問題も、あのとき、こういう判断をしていればどうだったのかと、考えさせられることが多くて……。ゆりかごも同じです」

——私がゆりかごも担当しているとご存じでしたか。

「いいえ。知りませんでした」

幸山は退任後に3期12年の市長時代を振り返る著書『コウヤマノート―熊本市政4，383日の軌跡―』を出している。市長選に出馬した当初からの、市政の課題に対する思いや決断、悩みなどを率直につづっている。

赤ちゃんポスト開設許可に関し、厚生労働省に法解釈について回答を求めたが、「ついには地方分権を理由に明確な判断を避けるような姿勢も垣間見えてきました」「国が思考停止状態に陥ったことに対して、憤りを通り越し、半ば呆れもしました」と書いている。

そして開設を許可したことに対しては、こんな記述がある。

「当時の判断の是非について、今でも確信が得られない。（中略）ゆりかごの存在をどう捉えたらよいのか、明確な答えを見いだせずに、いまだに私の心の中での葛藤は続いています」

私は幸山に「本には今でも確信が得られないと書かれましたね」と問い掛けた。

「自分の中で誇るつもりはないし、許可しなければよかったのではないかと思ったことはありません。ただ、預けられた子はそこで終わりではありません。その後の人生を考え、養子縁組や里親委託をもっと積極的にやる必要があると思います。ゆりかごから始まる人生がある。ゆりかごが発信しているものを受け止めて届けていかなければならないと思います」

——発信しているものとは何ですか？

「いろんな境遇の子がいます。親に育てられることが必ずしも幸せではない子もいます」

「幸せ」という言葉を使ったことに、幸山自身、ハッとしたような表情をして私を見た。

私がうなずきながら聞いていると、こう続けた。

「そんな現実というか、映しだしている鏡のようなものでしょうか。ゆりかごがスタートするとき、使われない方が望ましい、と言いました。ゆりかごは象徴的な存在としてあるが、預けなくても済むために、努力が必要だろうと思います」

——許可をするとき、（遺棄や虐待の）解決策とおっしゃいましたが、有効な解決策になっていると思われますか。

「救われた子もいると思っています」

——その理由は何でしょう。

「象徴的な存在だから、いろんなところから（慈恵病院に）相談が集中しています。相談することで救われる人も数多くいると思います。そこまで広くとらえたとき、救われた人は少なからずいると思います」

——預けられた子どもも救われたと？

「子どもに会ってはいませんが、施設や里親から『元気にやっていますよ』という話を聞くことがあります。ゆりかごがなかったとしたらどうなのか、比較は難しい」

次の質問を私が言いかけたところで、幸山は「すみません。時間が」と言って質問を遮り、左を向いて壁に掛かった時計に目をやった。私は右を向き、その目線の先にある時計を見た。針は午前10時50分を指している。

私が来てから50分。まだ1時間もたっておらず、インタビューの時間として長引いているとは思わなかった。

いつもだったら「ひと言でいいです」と前置きして質問を続けるところだが、時計を見た幸山の顔に憔悴《しょうすい》した様子が見て取れたため、私は言葉をのみ込んだ。

私は「分かりました。すみません」と言って、事務所を後にすることにした。

幸山は「やっぱり、問い詰められますよね」とつぶやくように言った。

生涯忘れることのできない感動

幸山のように、赤ちゃんポストを「象徴的な存在」と呼ぶ人がいる。

慈恵病院の看護部長だった田尻由貴子は著書『「赤ちゃんポスト」は、それでも必要です。―かけがえのない「命」を救うために―』の中で、繰り返し「シンボル的な存在」だと述べている。

本では、「ゆきずりの関係で娘が妊娠してしまった」「知的障害のある娘が妊娠している」などの相談内容が紹介されている。

熱心に相談に応じ、中絶せずに産んで特別養子縁組につなげようとしている様子が分かる。

赤ちゃんポストに預けられた子どもが5歳になって、養親に連れられて来たとき、「ぼくは慈恵病院で田尻さんから生まれたんだよ」と言ったという。田尻はこう書いている。

「生涯忘れることのできない感動でした」

「男の子の養親さんは、惜しみない愛情でお子さんを育てました。ですからためらうことなく、出自についても話してあげられるのだと思います」

「このようなご家族がいらっしゃることを知っているわたしにとっては、『保護責任者遺棄罪に抵触する』とか、『預かった後の処遇をどうしていくのか』とかいった議論は、実に頭でっかちな人の考えだと思えてならないのです」

この5歳児の言葉をもって、「出自についても話してあげられている」と言えるかどうか、私には分からない。

それはともかく田尻が、赤ちゃんポストがそれでも必要だ、と述べるのは、「母子支援のシンボル」だと考えるからだ。シンボルがあることで多くの困った女性たちが電話で相談してくるという。

田尻が赤ちゃんポストを支持し、その運営を支えてきたのは、１００％の善意からだろう。そのことは疑いようがない。「慈恵のマリア」と呼ばれる彼女は本当に優しい人だと心から思っている。

しかし、彼女の「母子支援のシンボル」という言葉だけで思考を止めてしまってはポストへの理解が深まらないのではないか。シンボルを目指して助けを求めに来る女性たちは救われたとして、彼女たちが連れてきた子どもたちはどうなるのだろう。

「お父さんはどうしてぼくを置いていったの？」

「お父さんとお母さんに手紙を書いたから、出してちょうだい」

子どもが養親にそう話し、対応に困ったという話を関係者から聞いたことがある。

ポストに置かれた子どもの一人は小学生になって、「親を捜しに行きたい」と話しているという。また、養親とうまくいかずに施設に預けられたり、別の養親に再び委託されたりした子どももいる。

幸山は赤ちゃんポストに対して、いまも畏れのような感覚を抱いていた。一方で小さな疑問が湧き上がっていることを隠そうとしなかった。

本当に正しかったのか。

子どもたちは救われているのか。

ポスト設置を認めた市長が見せた、そうした煩悶《はんもん》に、記者として感じ入るものがあった。

幸山と会ってから、私自身が赤ちゃんポストを聖域とみなしていたことに気づいた。違和感を覚えても決して深掘りすることはなかった。私自身、「シンボル」としてのポストにとらわれていたのだろう。

設置されてから十数年。リアルタイムではわからなかったことも、時間を置くことで見えてくるものがあるのではないか、と思うようになった。

第3章　想定外

世論を味方に

赤ちゃんポスト創設までの経緯を簡単に振り返りたい。

まず、「赤ちゃんの命を救え」という声を高めることになった遺棄事件は、２００５年12月に熊本県荒尾市で発生、翌年1月に発覚した。トイレに産み落とされた女児が死亡した。

これをきっかけに、慈恵病院で設置に向けた動きが具体化する。06年11月9日、その動きを察知した熊本日日新聞と朝日新聞がスクープという形で大きく報道し、赤ちゃんポストが知られることになった。

熊日は「親が養育できない新生児受け入れ　『赤ちゃんポスト』設置へ　全国初」と1面で報じている。社会面トップでは「助かる命　助けたい」という見出しで、蓮田太二のインタビューを掲載した。記事によると、こう話している。

「ポストを置くことで、捨てられ失われる命が助けられるのならば、できる限りのことをしたいと考えた。（中略）子どもの命を守るという視点に立てば、子どもへの虐待や養育放棄で命を落とすくらいなら、ポストに託してもらった方がいい」

大学教授や精神科医など識者のコメントもある。

「人工妊娠中絶を選ぶよりは、産んで命を守るという緊急避難的な措置だと思う」「生まれてきた子どもにとってはあった方がいい制度。両親がそろっていないといけないとは思わない」

一方、「捨て子を奨励するようで、違和感」「子どもの命を救うだけでは、子どもの人権は守れない」とする疑問の声も掲載していた。

朝日新聞は同日、社会面トップで「病院『赤ちゃんポスト』育てられぬ子引き取る　壁に穴　24時間対応」とした記事を掲載した。蓮田の「捨て子を見て見ぬふりをして『死なせてもいい』という論理が通るか。子どもに罪はない」とするコメントがある。

「病院は『子殺し・中絶に歯止め』命守るか　子捨て誘発か」という見出しのサイド記事もあり、「他に方法がないか、吟味する必要がある」という専門家の話が紹介されている。この段階では「命を守る」という目的のための手段としては懐疑的な声もあったのだ。

慈恵病院は2紙で報道された後、記者会見を開き、ポスト設置構想を公表した。蓮田は「一人ひとりの命を大事にしなくちゃいけないと思います。捨てられた赤ちゃんを黙って見過ごすということは、虐待の子どもが亡くなっていくのをそばで見るのと変わりないと思います」と強く訴えた。

蓮田はこの後、各メディアの取材に応じ、時に涙をため、「命を救いたい」と繰り返し訴えた。遺棄事件に対して「傍観者だった」と、自らを悔いるような発言もテレビで報道された。

熊日の投書欄には「子どもの命　救えるのでは」「慈恵病院の取り組みには尊敬の気持ちを抱いている」などの意見が寄せられた。

一方、読者から電話で意見を受けるコーナーでは、「設置に反対。親が子どもを捨てることを助長してしまう恐れがある」「慎重に議論する必要がある。親は対面するのが本来のあり方」「後で問題が出てきそう」とする声もあった。

全体としては賛成意見の方が多かった。

「命を救え」――。そんな声が世論にも浸透していった。

安倍首相は否定的

当時の熊本市長、幸山政史は２０１７年５月に慈恵病院で講演したとき、赤ちゃんポスト設置計画は「新聞で知った」と話した。再選を目指して立候補している市長選挙のさなかのことで、「もし当選したら、最も重要な課題になるだろう」と思ったという。

赤ちゃんポストに関する法律はない。行政は設置していいとも悪いとも言うことはできないが、病院が施設を改修する場合、医療法に基づいて保健所に届けなければならない。赤ちゃんポスト設置のための改修工事を、熊本市保健所が認めるかどうか。

それを、市長に再選した幸山が判断することになった。子どもが置き去りにされた場合、警察が保護責任者遺棄罪の疑いがあるとして、捜査をするとともに、児童相談所（児相）に通告する。児相は子どもを保護し、実親を特定するための社会調査をする。

それでも身元が分からない場合、市町村は戸籍法に基づき、「棄児」（捨て子）として新しい戸籍をつくる「就籍」の手続きをする。戸籍には親の名前は空欄で、姓名と本籍地を市町村長が定める。

赤ちゃんポストに預けられた場合も、子どもが置き去りにされた場合と同様の行政手続きとなる。問題は保護責任者遺棄罪に問われるかどうか、だ。

当時の記事によると、法務省刑事法制管理官室はこんな見解を出している。

「子どもの生命が危険にさらされるかどうかが判断条件だ。安全が確保されるならば、親やポストの設置者は罪に問われない可能性がある」

病院は24時間態勢で医師や看護師が常駐し、温められたベッドもある。この見解は「赤ちゃんポストに子どもを置き去りにしても、警察には捕まらない」というメッセージとなった。

ポスト設置構想が浮上してから、政治家たちは強い拒否反応を示した。

第１次安倍内閣の安倍晋三は「匿名で子どもを置いていけるものをつくるのがいいのか。大変抵抗を感じる」、少子化担当相の高市早苗も「（親が）無責任に子どもを捨てることが促進される結果になっては元も子もない」と話している。

安倍が強い不快感を表明したことで、赤ちゃんポストはメディアによる安倍批判の材料にもなった。例えば、熊日が２００７年３月４日付で掲載した共同通信の配信記事では、同社編集委員がコラムでこう書いている。

「いま悲惨な状況に陥っている家族があって、そこから子どもを救い出そうと知恵を絞る社会機関があれば、一国の政治主導者たるもの、そこに思い至らないといけない。（中略）『子どもは母親が家庭で育てる』といったこちこちの家族観だけでは、子どもは不幸の中に置き去りにされる。社会の一機関が試みようとする先進的な取り組みをちゃんと励ましてこそ、政治である」

この年の４月、熊本市議会議員選挙があり、熊日は立候補者を対象にアンケートを実施した。赤ちゃんポスト設置の賛否についても聞いた。62人中、「賛成」と答えたのは過半数の35人。19人は「どちらともいえない」。あとは未回答、もしくは選択肢以外を回答した。「反対」はゼロだった。表立った反対意見は、地元にはなかった。

熊本県知事の本心

熊本県知事の潮谷義子も「容認」姿勢だった。

潮谷は熊本市の社会福祉法人、慈愛園の園長だった１９９９年、知事の福島譲二から請われて副知事に就任した。１年後、急逝した福島の後継者として知事になり、２期務めた。

私は２０１９年11月、当時のことを聞こうと潮谷を訪ねた。慈愛園の理事長を務める潮谷は80歳を迎えたが、よどみない話し方と上品さ、にこやかな笑顔は知事だったころと変わっていなかった。

潮谷は副知事になる前から、慈恵病院の蓮田太二や看護部長の田尻由貴子らと、生命尊重の会の活動で「仲間だった」という。生命尊重の会は、中絶を思いとどまってほしいと呼び掛ける活動をしている。

「蓮田先生からドイツ視察（後述）に誘われましたが、そのときは知事だったので公務で忙しく、行けませんでした。赤ちゃんポストは命が助かるなら素晴らしいと思いました。蓮田先生を尊敬していましたから」

ただ、「両手を挙げて賛成」とはいかなかった。福祉に携わってきた潮谷は「本気で設置すると聞いたとき、崇高なお気持ちは評価するけれど、（子どもの権利や支援に関する）児童福祉法に位置付けられないことは心配でした。法律の制約を受けませんから」と振り返る。

潮谷は２００７年3月、県議会で赤ちゃんポストについて一般質問を受け、「命が救われるとすれば、否定されるものではない」と容認姿勢を示した上で、「設置者をはじめ市や県など関係機関で万全の体制を取ることが必要」と述べている。さらに出自を知ることができないため、「特に思春期において自我の形成に影響を及ぼす」と懸念も表明した。

熊本市にしても、戸惑いはあったものの反対意見が表立って出たわけではなかった。厚生労働省に対し、赤ちゃんポストを許可できるかどうかを照会した。厚労省は「子どもの置き去りはあってはならない」としつつ、「法令上、問題はない」と回答した。最終的な判断は熊本市長の幸山に委ねる形となった。

幸山は前例もない中、何日も考え続けたという。設置を決断したときの熊日のインタビューに対し、幸山は「子どもの遺棄や児童虐待が相次ぐ中、日本でも必要な時代になっている。解決策を示すのは行政の役割だ」と答えている。

赤ちゃんポストが最初に報道されてから半年を経て、ポストは子どもの遺棄事件の「解決策」として扱われるようになっていた。

07年4月、幸山は許可を決断した。許可を受け、「救える命優先」などと報道された。前例のないことで、手探りだったのだろう。

当時の記事によれば、許可を受け、病院には全国から50件を超えるメールや電話が寄せられた。「おめでとう」と喜ぶなど「応援する内容が多い」ともある。一方、同じ記事は熊本市に寄せられた声は、賛成10件、反対14件と伝えている。

開設日に3歳児が預けられる

２００７年5月10日。赤ちゃんポスト「こうのとりのゆりかご」が設置された。

蓮田は新しく整備したポストの前で、数十人の報道陣を前に「緊張しています。命を守ることが一番大切。理解が深まるよう頑張っていきたい」と話した。

それからわずか数時間後、病院職員は驚愕する。最初の子どもが預けられたのだ。「赤ちゃん」ではなく、3歳児だった。キョトンとしてベッドに座っていた。

男児は「新幹線で来て、お父さんにかくれんぼしようと言われた」と話したという。

当時を知る関係者によると、児相に保護された男児は、職員に「今日はここにお泊まりしようね」と言われると、「嫌だ。おうちに帰る。おうちに帰る」と言って激しく泣き続けた。

自分の靴を靴箱に入れず、手に持って離さなかった。どうしても離さないため、靴をビニール袋に入れて男児の服にくくりつけた。

部屋の入り口の扉が開く音がすると、「お父さんが迎えに来てくれた」と思って走って行き、靴を持って「帰る、帰る」と泣きながら訴えたという。関係者は「切なかった」と振り返る。

「お父さん」が迎えに来ることはなかった。

遠い県外から預けられ、周囲には熊本弁を話す大人ばかり。言葉もなじみがなかっただろう。物心ついた子どもにとって、どれほど過酷な環境だったろうか。

3歳児の預け入れは、熊日が5月15日付朝刊1面トップでスクープとして報道した。「『ゆりかご』に3―4歳男児　開設初日の10日」との見出しで掲載した。事実関係を尋ねた記者への回答として蓮田の「もし事実としても、そうでないとしても、医療人としてコメントできない」との言葉が紹介されている。

熊日の報道をたどると、当時の混乱ぶりが見て取れる。15日夕刊も1面トップで、「想定外に波紋広がる　男児『かくれんぼといわれた』」との見出しで、関係者の言葉を紹介している。児相は「個別の事例については話せない」、厚生労働相の柳沢伯夫は「あってはならない」、官房長官の塩崎恭久は「親は子どもを育てる義務もあるし、遺憾なことだ」と述べたとある。

夕刊社会面でもトップで、「自分の状況がある程度、把握できるのではないか」と心配する住民の女性の声や、「命を救うことが大事で、新生児でなく3歳児であることに問題はない」という男性の声を紹介した。見出しは「命救うことが大事」だった。

法社会学の専門家の「虐待や育児放棄による子供の被害を防いだと受け止めるべきだ」、児童福祉が専門の大学教授による「この制度は捨て子を助長していると言える」という識者コメントもあった。

３歳児の預け入れという想定外で始まったものの、報道は「命が救われている」というトーンになっていく。

設置後の６月、日本世論調査会による調査があり、赤ちゃんポストに対して「賛成」と回答したのは32・６％、「反対」は22・８％、「どちらともいえない」が44・０％だった。

男女差は見られなかったが、地域別で差が開いた。関東は賛成35・０％、反対21・３％だったが、九州では賛成41・７％、反対14・４％と、ほぼ〝トリプルスコア〟で賛成が多かった。

開設した５月10日に続いて、12日と15日にはいずれも生後２カ月ごろの男児が預けられる。「生後すぐ」ではなかったことも関係者にとっては驚きだった。

７月に預けられた女児は生後10日ほど。４人目で初めて生後間もない赤ちゃんが置かれた。

翌年３月までの10カ月間で預けられた子どもは17人。その後も見ていくと、生後すぐから1年以上と幅がある。

また２０１０年には熊本市の政令指定都市移行（12年）を控え、熊本市児童相談所が開設された。赤ちゃんポストに預けられた子どもの措置権が県から市に移った。

慈恵病院は11年、南側に5階建ての新産科棟「マリア館」を建設した。そこに赤ちゃんポストを移設した。当初のポストは、本館東側のリネン室の一画を改造して作られたものだったため、動線は人目につくものだった。その点、新しいポストは設計段階から考慮され、細い通路に植栽するなど、工夫されている。

病院はメディアで取り上げられ、有名になるにつれ、妊娠の悩み相談電話も全国から殺到するようになる。16年度は６５６５件、17年度は７４４４件、18年度は６０３１件となった。中には「陣痛が始まった」という切迫した状態の女性からの電話もあり、救急車を呼ぶなど緊急対応したケースもある。

お父さんは「伯父」だった

足早に赤ちゃんポストの歩みを振り返ってみた。これだけだと、開設当初こそ混乱したものの着実に実績を積み、赤ちゃんポストへの理解が広まっているように見えるがどうだろうか。

慈恵病院理事長の蓮田太二は、同病院編著『「こうのとりのゆりかご」は問いかける――子どもの幸せのために――』と題した本で、赤ちゃんポストに子どもを置く人をこう想定している。

> 結婚の約束をしていて、共に生活していたが、出産直前になって、相手の男性が行方をくらましたような場合。特に甚だしきは、女性が持っていた預金まで持ち逃げし、経済的にも極めて困窮状態に陥り、しかも周囲に相談することができないような場合。また、学生などで親や友達に妊娠したことを相談できず、経済面から産科での診察を受けることもできず、思い悩んでいるうちに陣痛や破水が起こり、自宅出産となったような場合。（中略）そこには一人で悩み困窮し、自宅で出産し、子どもを殺めることはできず、ゆりかごに連れてくるような女性の姿がある。

開設初日に預けられた3歳男児のケースは、この想定からはほど遠い。

実は、後日談がある。4年後、この男児の「お父さん」が判明したのだ。

男児が「お父さん」と呼んでいたのは、伯父だった。男児の母親は交通事故で亡くなっていた。男児は母親の生命保険金などを相続した。男児の未成年後見人になった伯父は、男児が相続した約６０００万円をギャンブルなどで使い果たしてしまった。

困っていたところ、報道で「匿名で子どもを預けられる」赤ちゃんポストが設置されることを知る。新幹線などに乗って熊本に来て、「かくれんぼしよう」と言って男児をポストに入れ、立ち去ったという。

発覚したきっかけは、東日本大震災だった。伯父はテレビで被災地を見て、「苦しんでいる人がいるのに、自分はいったい、何をしているのだろう」と自責の念にかられ、警察に出頭し、業務上横領罪で書類送検された。

赤ちゃんポストは、開設初日に「赤ちゃん」ではない子どもが預けられていた。その目的も、保険金使い込みの隠蔽だった。

「早期新生児」は約半分

熊本市は預けられた子どもについて、性別や体重、健康状態、出産場所、判明した親の居住地や婚姻の有無など、25項目について年に1回、発表している。

また、運用状況を検証するため、要保護児童対策地域協議会の中に「こうのとりのゆりかご」専門部会を設置している。児童福祉の研究者や小児科医、精神科医、弁護士、福祉施設の代表らで構成する。専門部会は３年に１回のペースで検証報告書をまとめている。

熊本市の発表によると、２０２０年３月までの約13年間で預けられた子ども１５５人中、推定で生後１カ月以内の新生児は１２８人。うち１週間以内の早期新生児は85人。生後１年未満の乳児19人、１歳を過ぎたとみられる幼児も８人いる。男児80人、女児75人。病院が想定していた「早期新生児」は約半分だ。

病院は「生後３カ月以内で特別養子縁組を」と訴えているが、そもそも預けられた時点で１歳を過ぎていた子どもが８人もいる。

新生児の体重は２５００グラム以上が１０６人、１５００グラム以上２５００グラム未満が21人、１５００グラム未満も１人いる。１５００グラム未満はＮＩＣＵ（新生児集中治療室）での医療が必要だ。

出産の場所は、自宅77人、車中４人。年々医療の介助を受けない孤立出産の割合は増えている。医療機関で生まれたが、ポストに入れられた子ども61人いた（推測含む）。不明が13人。

健康状態は良好が１２１人、医療が必要だったのは34人だ。

以下判明したうち、母親が婚姻していたのは42人、離婚26人、未婚51人。子どもの69人にきょうだいがいた。このうち40人はきょうだいが3人以上いる。

子どもの実父は、夫27人、内縁関係7人、恋人等40人、実父に別の妻子がいたのが20人。夫婦の間に生まれても、兄や姉がいても、ポストに入れられているのだ。

子どもを預けた理由で最も多かったのが「生活困窮」の43人だった。生活に困っているならば、ポストではなく、別の解決策が必要なのは言うまでもない。続いて「未婚」30人、「世間体・戸籍に入れたくない」26人、「不倫」20人、「養育拒否」14人、「父母等が子育てに反対した」11人、「育児不安・負担感」10人となっている。

父母等からの手紙があったのは51人。置いた後に接触してきた人が38人いた。置きに来た人は母親112人、父親29人、祖父母19人、その他32人。複数で置きに来たケースもあり、「妊娠を誰にも言えない」人ばかりではない。

父母等の居住地は熊本県内12人、県外の九州37人の他、関東24人、東北3人、北海道1人など、全国にわたる。

中国からの障害児

日本在住の外国人が預けたケースが複数ある。第3期検証報告書では「父親、母親ともに日本に居住する外国人で、子どもの国籍取得の手続きが進まず不法滞在による強制送還の可能性がでてきたため家庭引き取りとなり、その後母国の祖父の養育となった」ケースが報告された。

　また２０１５年度には、国外から来た外国人の赤ちゃんも置かれている。

　熊本市が預け入れの数を発表したことを受け、理事長の蓮田は記者会見で親が国外在住の子どもが預けられたことについて、「ご自身の国で福祉を受けていただきたい」と述べた。それまで「安心して預けてほしい」と言っていた蓮田にしては、意外なコメントだと思った。

　それは確かに異例だった。熊本市は親の国籍を明らかにしていないが、読売新聞（２０１８年12月22日付）は中国と報じている。

　慈恵病院（熊本市）の赤ちゃんポストに15年末、１歳の男児が預けられた。両親は現在40代の中国人夫婦で、男児には重度の先天性障害があった。男児に日本国籍がないこともあり、熊本市の児童相談所が夫婦に引き取りを求めた。しかし夫婦は、「経済的・精神的な負担や将来への不安」を理由に拒み、中国に帰国した。

　江蘇省南京の夫婦の住所を訪ねると、そこは緑豊かな一等地にあるマンションだった。部屋は16年末に売却されていた。

近所の住民は、夫婦が元気な男児を連れているのを何度も見かけていた。関係者によると、夫婦が赤ちゃんポストに預けた男児は双子の弟だったという。夫婦は17年夏の時点で米国への移住手続きを終えていたといい、それ以降の消息は明らかでない。

預けられた子の在留資格は不明だが、在留期限が来れば不法滞在となる可能性がある。日本国籍がなく、保護者もいない幼い障害児が不法滞在となるならば大きな問題だが、関係者によれば人道的観点から特別に在留が許可されているという。

ただ関係者は「将来にわたっても許可され続けるかは分からない。成人して不法滞在とみなされる可能性はある。外交問題になりかねない」と懸念する。

本来であれば、外務省が中国の領事館との交渉をするのだろうが、赤ちゃんポストは法律に関する規定がないため国は関与を避け続けている。このため、児相が直接、領事館と交渉しなければならない事態になっている。

子どもを出身国に帰すのなら、少しでも早い時期でなければならないだろう。日本に長く滞在し、周囲が日本語しか話せない人の中で日本語を覚えてしまえば、出身国の言葉を母語として身につけるチャンスがなくなってしまう。

言葉だけではない。習慣、生活など、あらゆる面で影響は大きい。

それにしても入国時は家族４人で、出国時には３人となっていることに、入国管理局（現出入国在留管理庁）は気づくことができないのだろうか。いなくなったのは大人ではなく、1歳児なのだ。

２０２０年3月に私が改めて関係者に取材すると、「児童相談所と外国領事館との間で話し合いをしているが、まだ解決していない。膠着《こうちゃく》している状態」という。

ほかにも、「見るからに外国人の血を引いている」と関係者が証言するケースもある。

ある年の1月の午前3時半ごろ、扉の横にあるインターホンが鳴った。

「どうされましたか」と問い掛けたが、応答がない。看護師が駆けつけたところ、人影はなく、生後4、5日と推定される子どもが扉の外の台の上に置かれていた。

肌着と上着を1枚ずつ着せられ、へその緒が残っていた。髪や目の色、顔立ちが一般的な日本人とは違っていた。

ポストの扉は二重扉になっており、外側の扉を開け、「お母さん、お父さんへの手紙」を受け取らなければ内側の扉は開かない仕組みだ。その注意書きは日本語のため、「読めずに扉が開けられず、扉の外に置いたのだろう」と関係者は話す。

障害児は17人

２０２０年３月までに預けられた１５５人中、障害がある子どもは17人いる。関係者に取材すると、うち12人の疾患が分かった。

ダウン症が半数の６人。症状が重い子も軽い子もいる。

心臓に重度の先天性異常がある子どもが１人。両親は日本在住の中国人だった。預けた後に両親が引き取ったが、心疾患のため亡くなった。

脳の中に髄液がたまる水頭症の子ども１人。たまる髄液を逃がすため、シャントと呼ばれる管が頭に差し込まれた状態で置かれていた。関東地方から預けられ、極低出生体重児だった。

軟骨無形成症１人。この子の場合、関東地方の両親の所在が分かったという。医療機関でカウンセリングも受けていた。しかし、「どうしても子どもを引き取りたくない」と主張した。国際養子縁組を手掛ける団体を通して、子どもはアメリカに養子として渡った。

海外に渡ったのは「ダウン症の子だった」と話す関係者もいる。障害が重複している可能性もある。

左耳がない形成異常の子ども1人。中国人の両親が、その後引き取った。
脳性まひ1人。置き手紙があり、恐らく外国人とみられている。
染色体異常の子ども1人。両親は関東に住んでいた。
ほかに、手足が先天的に短い「四肢短縮症が2人いた」という証言もある。
左耳がない子どもは、口唇口蓋裂《こうしんこうがいれつ》もあった。口唇裂は上唇が鼻まで裂け、口蓋裂は上あごが裂けている。手術をすることで治療は可能だ。

この子を抱っこして施設から病院に連れて行った関係者はこう話す。

「親はさぞかしつらかったでしょう。私はその子の親ではありませんが、もし親だったら、多くの人がいる病院に、抱っこして連れて行けるだろうかと思いました」

開設1カ月で預けられた3人のうち1人も、ダウン症だった。当時は大々的に報道されたため、「うちの孫ではないか」「近所の赤ちゃんが突然いなくなった」などの電話が児相に相次いでかかってきた。

この情報の結果、身元が判明した。子どもを県外から預けに来たのは祖父母だった。

「娘がダウン症の子どもを産んでショックを受けている。娘がかわいそうだから預けに来た」と話したという。

熊本市の専門部会の委員を務めた熊本大特任教授（新生児学）の三渕浩は「障害や病気

のある子の場合、既にどこかの医療機関にかかっていることがあります。通常、ほかの病院に移る場合、紹介状を書きますが、それがない状態で診察するのは困難です。どんな薬を飲んでいたのかも分かりません。親も分からず、子どもは話すことができず、大変苦労します」と話す。

　他の預け入れの事例ではこんな報告がある。

「医療機関で出産。子どもには四肢に軽度の障がいがあり、病院もかかわり、退院後の治療計画等も立てられていたが、退院したその日に預け入れた」（第2期報告書）

「未婚での妊娠。最初は産む方向で相手と話していたが、その後、産むか産まないかでもめたことから、相手とも会わなくなった。自宅出産した1カ月後、仕事に復帰する前日に預け入れた。預け入れ時の児の体重は２２００グラム、全身冷感、衣服の汚れ、悪臭がみられた」（第2期報告書）

「婚姻中の母親が、夫以外の者との間の子を預け入れ。予期しない妊娠／計画していない妊娠をし中絶予約まで取ったが、相手側が費用を用意できず行方不明となり中絶できない状態となったため、自宅出産（孤立出産）して預け入れに至った」（第4期報告書）

「互いに未成年の学生である母親と父親が、二人の間の子を預け入れ。経済的余裕がなく預け入れに至った。経済的余裕ができるまで、施設で預かってほしいとの意向有」（第4

期報告書）

そのほか「外来に来る日なのに来ない」と医療機関が不審に思って捜し、赤ちゃんポストに入れられていたことが分かったケースもあるという。

無理心中

預けられた後、実の父母等に引き取られた子どもが17人いる。

関係者の話では、あるとき、「子どもを返してほしい」と女性が来たことがあった。突然子どもがいなくなったので捜したところ、子どもの実父である男性が「赤ちゃんポストに置いた」と話した。

女性は、妻子ある男性との間に子どもを産んだ。男性は「妻と別れる。結婚したい」と話していた。だが男性は、その子どもを、女性に黙って連れて行ったという。

女性は子どもと再会して涙を流して喜んだ。子どもを育てる意思もあった。女性と会った複数の関係者は「普通のお母さんだった」と証言する。子どもは女性が引き取った。

ところが数年後、女性は子どもと無理心中する。止めた車の中で、ガスを引き込んだ。

病院側は「親に返した児相の判断が間違っていた。養親のもとで育てられれば心中することはなかった」と批判する。

一方、実際に女性と会ったことのある関係者はこう話す。

「女性は子どもに愛情を持ってちゃんと育てていました。彼女がポストに子どもを入れたわけではありませんから、児相が子どもを返したのは当然だと思います。何かあればすぐ児相が責められますが、この判断が間違っていたとは思いません。実父が勝手に子どもをポストに置いたことで、子どもと自分を否定されたと感じ、生きづらさを抱えたのだと思います」

別の関係者は、「実父は社会的な地位がある人です。ポストがなければ子どもを殺していたとは考えられません。女性は自分が知らないうちに子どもがポストに置かれてしまい、大変なショックを受けていました。心の傷になったのではないかと心配していました」と振り返る。

「社会的な地位がある人」という言葉が気になり、関係者に取材を続けた。すると、この実父と女性の職業が分かった。

実父は「医師」、女性は「看護師」だった。

このケース以外にもポストを利用したと判明した人の中に、医療や福祉、教育に携わる人たちがいる。関係者によると、ある女性教員が婚姻関係にない男性教員との間で子どもを出産した。複数の教員に打ち明け、職員室で対策を考えたという。そして、こんな結論を出した。

「子どもを赤ちゃんポストに置こう」

子どもの教育に携わる人間としてあまりに軽はずみな発想だが、教職という専門職ゆえ世間体を必要以上に気にする傾向があったのかもしれない。妊娠を周囲に相談した上で、赤ちゃんポストを利用する人もいるのはこうした背景があるからだろう。

教育職にある祖父母が、「娘の戸籍が汚れる」という理由で孫を置きに来たこともある。熊本市が設置した専門部会の部会長で関西大教授（児童家庭福祉）の山縣《やまがた》文治は「この人たちは子どもを殺そうとはしていません。殺すことは悪いことだと知っています」と指摘する。殺せば警察に捕まって罪に問われるが、子どもをポストに置いても捕まらないことを知っているという。

熊本県がまとめた検証報告書（第1期）によると、障害児を入れた親が「医療機関では『しっかりした親』と受け止められていたケースもあった」。

また同報告書は「『本当にせっぱ詰まっている』『本当に窮している』とは思えないものも含まれている」と記している。ポストに預けられた子どもを移管した先の児相から、「（親は）もともと地域で相談する潜在力は持っており、衝動的に我が子の生命を奪ってしまうようなレベルではない」と指摘されたことまで紹介している。

赤ちゃんポストは「緊急避難のため」とされる。だが、病院の場所を調べ、遠くから飛行機に乗ったり、新幹線を乗り継いだりして熊本に来る人たちが緊急避難しているのだろうか。

専門部会の報告書によると、預けた理由のトップは「生活困窮」である。しかし、親と接触した福祉関係者は「飛行機のチケットを買って遠くから来る人たちが、本当に困窮しているとは言えません。経済的に裕福な人たちも少なくありません」と明かす。

遺棄罪に当たる？

赤ちゃんポストに子どもを置いた人が、保護責任者遺棄罪に問われたケースはこれまでのところない。だが、「遺棄罪に当たるのでは」と関係者が指摘するケースがある。

2014年10月の午後7時前、病院の代表番号に「育てられないので、ゆりかごの前に置いた」という電話がかかってきた。女性の声で、泣いていたという。

対応した職員が「相談できますよ」と言うと、「いいえ、もうお願いします」とだけ言って一方的に切れた。職員が駆けつけると、ポストの前の地面に赤ちゃんが寝かされていた。

赤ちゃんは大人しく、泣いてはいなかった。生後推定7日程度。肌着1枚、おくるみの中にいた。おむつはしておらず、タオルが1枚、下半身に当てられていた。

このケースは後に母親が判明する。母親は河川敷に止めた車の横に新聞紙を敷き、その上で一人で出産した。子どもを車中に放置し、ときどき様子を見に行っていたという。その後新幹線で移動して慈恵病院に来たものの、扉の開け方が分からず、赤ちゃんを地面に置いた。

戸外での出産、直後に長距離移動、さらに地面に放置という極めて危険なケースだった。関係者は「地面に置いても遺棄罪にならないなら、ベッドでなくても、病院のどこに置いてもいいことになり、整合性がつきません。ほかの病院で地面に置き去りにしたら間違いなく遺棄罪に問われるでしょう。慈恵病院ならいいというのでしょうか」と指摘する。先にも触れたが、子どもをポストに置くという選択を、周囲が「助言」することも珍しくないようだ。

虐待防止のため、妊娠期からの支援に取り組んでいる相談機関を取材したときのことだ。相談員がこんなことを話した。

「赤ちゃんポストができてから、相談のほぼ100%で、ポストの名前が出てくるようになりました」

「１００％、ですか？」と聞き返してみた。

「はい、１００％です。妊娠した女性が自ら子どもをポストに入れようと考えたと言うこともあれば、予期せぬ妊娠を相談した人から『ポストに入れればいいじゃないか』と言われたという話も多いんです」

相談員は困惑の表情を浮かべた。

ノンフィクション作家の河合香織が上梓した『選べなかった命――出生前診断の誤診で生まれた子――』にも、ダウン症の子を授かった母親が「私には育てられません」と言うと、医師が「それだったら、何だっけな。あ、そうそう、熊本の赤ちゃんポスト、あそこは国でも認められているし、あるいは児童相談所に連れて行けば里親がそういう子を育ててくれるよ」と語りかける場面がある。

医師の口から「赤ちゃんポスト」と発せられることには驚くほかない。国が認めているという事実はない。熊本市は認めたが、国は判断をしていないのだ。ただ、何もしていないため「黙認」しているとは言えるだろう。

「ポストに入れればいい」

２０１７年ごろ、福祉関係者と会った際、「困っていることがある」と打ち明けられた。「健診を受けていない妊婦から相談を受けました。本人は妊娠に気づいていました。『どうするつもりだったの』と聞くと、『生まれたら赤ちゃんポストに入れればいいと思っていた』と話したことがあるんです。それは自分の命も落としかねない危険なことだからと説得して、健診に行ってもらいましたが、赤ちゃんポストができてから、出産を軽く考える人が増えているような感じがします」

こうした関係者の懸念は、現実のものとなっている。

２００７年12月には、熊本の隣、佐賀県で生まれて間もない新生児をコインロッカーに遺棄したとして、20代の母親が逮捕された。「熊本市にある赤ちゃんポストに入れればいい」と考え、一人で出産した。その後、子どもが死亡したため、遺棄したという。

医療の介助を受けずに自宅で双子を出産し、１人が亡くなったケースがあると、専門部会の第４期検証報告書にある。母子手帳は持っていたが妊婦健診は受けておらず、自宅で出産した直後、「１人が逆子で息がない」と病院の相談電話にかけてきた。

この母親が赤ちゃんポストに子どもを入れようと思っていたかどうかは不明だが、医療の介助を受けない「孤立出産」で子どもが死ぬというケースは実際に起きている。

第3期検証報告書によると、「ゆりかごに預けるつもりで熊本へ来て、ホテルの部屋で破水するも分娩が進まずタクシーにて慈恵病院へ来院、緊急出産となる」ケースもあった。

第2期検証報告書では、赤ちゃんポストを目指して移動中の車内で出産した未成年の母親がいたと書かれている。

ある医療関係者は「統計は取っていませんが、赤ちゃんポストができてから、熊本では県外からやって来る飛び込み出産の人が増えたと感じています」と証言する。

妊婦健診を受けていない妊婦が、陣痛が始まってから医療機関に駆け込む「飛び込み出産」は、その医療機関に大きな負担を与える。胎児の状態や発育の経過だけでなく、妊婦のアレルギーや感染症の有無も分からない場合、医療関係者は大きなリスクを抱えることになる。

福祉関係者によると、こんなことがあった。

施設職員が熊本市内を走る路面電車に乗っていたとき、あまりに小さくて顔色が悪い赤ちゃんを抱っこした女性に気づいた。

「どうしましたか」と声を掛けると、女性は「慈恵病院はどこですか」と聞いたという。

赤ちゃんポストに入れようとしていると思い、「まずうちの施設に来ませんか」と言って連れて来た。赤ちゃんを見た看護師は「救急車を呼んで！」と叫んだ。赤ちゃんは生後間もなく、低体温症になって危険な状態だった。

福祉関係者は言う。

「このケースは赤ちゃんポストに入れる前に気づきましたが、生後間もない赤ちゃんを移動させて、途中で死なせてしまうケースがあってもおかしくありません。明らかになっていないだけかもしれません。誰か分からない人が死んでしまったら、どうするのでしょうか。死亡届に書ける名前もないんです。本当に毎日冷や冷やしているんです」

熊本大の三渕は、「ポストのベッドが安全だからといって、母子の安全が保証されているわけではありません。医療機関で生まれても、医療が必要な子どもは一定数います。孤立出産は極めて危険な上、生まれたばかりの赤ちゃんを抱え、ポストを目指して遠距離移動するケースもあります。命を救いたいと願って設置されたポストが、逆に命を危険にさらしているのではないでしょうか」と、危機感を訴える。

孤立出産で一人で無事に出産したとしても、その後の処置は難しい。

出産によって産道の出口が裂けた場合、病院なら医師が縫ってくれるが、孤立出産の場合、縫ってくれる人がいない。しかもギザギザに裂けることがある。縫わなくても人間の体には自然と傷が回復する力があるが、縫わないまま歩き回れば、ずれてつながってしまうことがあるという。

ある助産師は「ずれたままつながれば、トイレに行くたびに激痛が走ります。医療の介助を受けずに出産した人が、痛いからといって病院には行かないのではないでしょうか」と心配する。

福祉との違い

赤ちゃんポストに預けられた子どもと関わったことのある福祉関係者はこう言った。

「私も最初は命が救えるのなら、という気持ちでした。しかし、実際の利用のされ方を見ると、親は助かっているかもしれませんが、子どもを助けているとは思えません。子どもの福祉の仕事をしている私たちと、赤ちゃんポストは真逆の方向を向いています」

この人によると、子どもと一緒に現金30万円が置かれていたことがあった。

「病院では、現金が入った封筒が手でビリビリと破かれていました。早く中身を確かめようとしたのでしょうが、子どもにとっては、封筒一つでも親が残した大切なもの。私たちはどんな小さなものでも、親が残したものは真空パックにして保存します。福祉の人なら手で破くことはまずしません。大切に扱うはずです。つくづく、福祉とは考え方が違うと感じます」

現金のほかにも置かれていた物があり、「中国のキャラクターがついていた」という。

赤ちゃんポストに対する関係者の困惑は、思いのほか、深そうだ。

地域の誇り

この章では、赤ちゃんポストが創設されて以降の事件や出来事を書いてきた。最後に一つだけ強調したいことがある。

赤ちゃんポストのネガティブな側面を伝えるのは、この本が初めてではない。専門家は幾度となく、厳しい見解を発表している。だが、地元における同病院の威信には全く影響している様子がない。

赤ちゃんポストについて取材していると、「うちも慈恵病院にお世話になりました」という声をよく聞く。私が以前、別件で取材した70代女性は「娘が出産するときは難産でしたが、蓮田先生のおかげで孫が無事に生まれました。スタッフの献身的な看護は印象に残っています」と朗らかな表情で話していた。

こうした話を耳にしたのは一度や二度ではない。熊日の投書欄にも、赤ちゃんポストを運営する病院は「地域の誇り」という声が掲載されたこともある。ポストの利用のされ方とは別に、地域住民から尊敬され、誇りに思われている存在であることは変わらない。

その背景には、ポストを運営してきた医療スタッフの献身があるにちがいない。「想定外」といっても、国内初の施設としてスタートしたことを考慮する必要がある。その都度、対応を模索しながら子どもたちを受け止めてきた彼らの働きそのものは、率直に評価しなければならない。

さらにいえば、理事長の蓮田がこの土地で長年培ってきた医療への信頼感も揺るぎないものがある（そのあたりは後章で解説する）。子どもを救いたいという蓮田の信念そのものは、大いにリスペクトしている。

だからこそ、取材を進めれば進めるほど、私の迷いは深くなっていった。

第４章　出自を知らない子どもたち

ポストに置かれて

赤ちゃんポストに置かれた子どもの一人を取材できることになったのは２０１７年３月のことだった。私はどんな態度で子どもに接するべきかわからぬまま、里親宅を訪ねた。

赤ちゃんポストに預けられた翔太（仮名）は幼いころ、泣いてばかりいたという。

里親となる村上春男（同）と面会した。春男から「おじちゃんが守ってやるけんね。もう何も心配せんでよかよ」と声を掛けられ、抱き締められると、にっこりほほ笑んだ。

その様子を見ていた児童相談所から「相性が合う」と判断され、３歳で村上家に来た。

翔太は村上家のほかの里子とともに暮らすことになった。

春男は「ポストに置かれた子どもが元気に成長している」ことを知ってほしいと、取材に応じてくれた。

春男はとても気さくな人だった。春男と話していると、廊下を翔太が通り掛かった。

「ゆりかごのこと、聞きたいって」

「はい」と素直に部屋に来てくれた。翔太は、10代の活発な少年に成長していた。スポーツが得意で、がっちりしていた。

赤ちゃんポストについて話すとき、腫れ物に触るような雰囲気は全く感じられない。

「ゆりかごがあったから、ここの家に来ることができて、今の生活があります。ゆりかごに入れられたことは、自分の運命だった、よかったと思っています。今の生活は楽しいです。満足しています。今のお父さんとお母さんに会えてよかったです」

翔太はそう言ってはにかんだ。最初の印象は、同年代の子どもより大人びている感じがしたが、はにかむ様子は普通の男の子だった。ポストを肯定的に受け止めていた。

春男はこう言った。

「ゆりかごがあってよかったと思っています。もしなければ、どこかに置き去りにされていたかもしれませんしね。ゆりかごに入れられたことも本人にはちゃんと話しています。

親がごまかしても、子どもは見抜きます。親子の間でうそを言ってはいけない。早い時期から真実を伝えることが大切だと考えています。誰から生まれたかは、知りたいでしょうね」

この言葉を受け、私は翔太に「知りたい？」と聞いた。

「はい。親のことは知りたいです。教えてほしいです。大人になっていくにつれ、自分がどうやって生まれてきたのか、どういう父と母の間に生まれてきたのか、知っている方が自分のためになると思います。親のことが分からなければ不安です。なぜ預けられたのか、不安を抱えます。親と暮らせなくても、親のことを知っている方が落ち着いて暮らせると思います」

「不安」という言葉を口にした。ハキハキと話す姿は、とてもしっかりしていた。

「しっかりしていますね」と私が言うと、春男は「そうでしょう。本当にしっかりしている。自慢の息子なんです」と笑顔で話した。

「ありがとうと言いたい」

父親の翔太に対する姿勢は真摯《しんし》だった。2人の間には隠し事がなく、信頼関係がある。

だから「実の親を知りたい」と言うことができ、その気持ちを父親は正面から受け止めていた。

翔太が村上家に来て間もないころのことだった。

父親と一緒にお風呂に入り、母親に体を拭いてもらった。「よかったね、お父さんにお風呂に入れてもらって」と言われると、翔太は辺りをキョロキョロと見回したという。

母親の明子（仮名）が言う。

「本当のお父さんが来てくれたと思って、辺りを捜したみたいなんです」

翔太はポストに入れられたときに着ていた服や靴を大切に保管していた。洋服だけでなく、自分の部屋をきれいに整理整頓している。明子が言う。

「私は大ざっぱな性格なんですが、私みたいなのが育ててもこんなに几帳面な子どもに育つんです。これはこの子の〝血〟なんだろうと思います」

「血、ですか」。私は聞き返した。

「そう。血筋なんですよ、きっと。この子の実のご両親も整理整頓が上手で几帳面な人だったのだろうと思いますよ。血は争えないって言うでしょう。親を知らなくても、きっと似たような人に育つんだと思います。血って本当に面白いなって」

明子は「大ざっぱな性格」と言ったが、おおらかな性格だと私は思った。

村上家は明るく、穏やかな生活を営んでいる。幸せそうにも見える。だが、一点だけ気になる点があった。

翔太が幼稚園に通っていたときに描いた絵を見せてもらった。楽しい運動会の様子が生き生きと描かれた絵に、こんな言葉があった。

「おかあさんきてくれてありがとう。いっしょうわすれません」

私の息子が保育園児だったころの姿が浮かんだ。彼らは「いっしょうわすれません」とは言わない。逆に運動会に行かなかったら、後々まで文句を言うだろうが……。

彼の感謝の背景には、置き去りにされた過去が関係しているようにも思えたが、余計な勘ぐりかもしれない。

ちなみに、翔太はNHKの取材も受けている。「赤ちゃんポストに入れてくれたから今の僕がある。ありがとうと言いたい」と話す様子が、2015年4月のクローズアップ現代で放送された。

本人が「ありがとうと言いたい」というのなら、それ以上の答えはない。そうした意味では、翔太はポストがあったことで現在、充実した日々を送っていると言っていい。

私は翔太自身の口から、「蓮田先生は優しい人です。多くの人の命を救っていると思います」という言葉も聞いている。それは彼の本心だろう。

それでも一点だけ気になるのは、「実の親を知りたい」という感情である。子どものときは小さな欲求に過ぎなくとも、後々大きくなる可能性があるからだ。私は、実の親を知らずに成人した当事者たちの心境に触れたいと思うようになった。

実親が分からなくてもいい？

赤ちゃんポスト創設者である蓮田太二の話には、養子となった女性のことがよく登場する。女性は、ポスト設置構想の報道を見て、訪ねて来たという。蓮田は共著『「こうのとりのゆりかご」は問いかける』でこう書いている。

> 現に生後すぐ実親から離れて養子として育てられた女性の方が筆者を訪ねて来て養親にいかに自分が愛情深く育てられ、いかに幸せであったかということを話して下さった。またある時、知り合いから実の親に会いに行くようにと強くすすめられ、自分は会いたいという気持ちはなかったが、あまりにすすめられるので、会いに行った。その時、実の親と会ったが、親という気持ちもわかず、会う前も会った後も養親に対する気持ちは変わらず、自分の親は養親だという気持ちを強く持ったとも、切々と訴

えられ、そして現在、少しでも社会のために尽くそうと思ってボランティア活動をやっていること、預けられた子どもをぜひ自分と同じように子どもを愛する家庭で育ててもらいたいという強い願いがあった。

蓮田はこの話を「実の親に固執しなくてよい」というメッセージとして紹介する。しかし、私は別の事実に目がいく。この女性は、実の親が分かっている。そして女性は、実親と会ったことで、結果的に養親への思いを深めた。つまり赤ちゃんポストのケースとは異なる。

私はある福祉関係者の話を思い出した。

「養親のもとで育てられ、実親をずっと捜し続けていた男性がいました。あるとき、念願かなってやっと会うことができました。『これで安心した。もう親に会わなくてもいい』と言ったんです。彼は実親の状況を知り、子どもを育てられる状況ではなかったと知った。そのとき初めて養親に託してくれてよかった、自分にとっての親は養親だ、自分の人生はこれでよかったと心から思ったといいます」

その上で、こう強調した。

「実親の情報は、子どもにとって自分の人生を肯定するために必要なんです。あなたにとって養親に育てられたことは幸せだったと、周りの人がいくら言い聞かせても本人は納得できません。判断するのはあくまで本人です」

実の親を知らないで育つということはどういうことか。ある日、当事者からその思いを伺う機会が訪れた。

里親を支援するＮＰＯ法人「優里の会」が主催したフォーラムを取材したときのことだった。会場の八代市厚生会館に、里親や養子が登壇した。約80人を前に、養子という20代後半の女性はこう発表した。

「私は生まれてすぐに産婦人科の前に置き去りにされました。病院の先生たちに助けてもらい、乳児院に預けられ、３歳で特別養子縁組しました。両親と本当の親子じゃないと知ったのは小学校低学年のころです。どうして生まれてきたんだろうと、複雑な思いで苦しみました」

会場は静まり返った。

「私は捨てられた子と知らされて以来、養子縁組した両親と、家族になるために人の何倍も努力しました」

フォーラム終了後、女性に声を掛けた。「あらためて話を聞かせていただけませんか」

「いいですよ」と言ってくれた。

２０１７年11月、熊本市の自宅を訪ねた。

永岩《ながいわ》味樹《みき》。笑うとえくぼがチャーミングな女性だ。黒のブラウスとオレンジ色のスカートが似合っている。

話を始めるとすぐに、味樹の目から涙がこぼれだした。いったいどれほどの涙を流してきたのだろう。

味樹は１９８８年10月、生後すぐに熊本県北部にある菊池市の産婦人科医院前に置き去りにされた。当時の菊池市長から「菊池幸」という名前を与えられ、熊本市内の乳児院に預けられた。２歳前に熊本市内の家庭に引き取られ、３歳で特別養子縁組が成立した。法的にも親子になり、新しい名前「味樹」をもらった。

「子どものころは母にずっとしがみついていたそうです。母の姿が見えなくなると泣き叫ぶので、ずっと抱っこしてもらっていて、抱っこちゃん人形みたいと言われていたと聞きました」

養父は味樹に「産んだ親は別にいる」ことを小さいころから伝えていたが、味樹は十分に理解していなかったという。ただ、「何となく違和感があった」と味樹は話す。

小学校低学年のとき、友達から「（親と）似てないね」と言われたことをきっかけに「本当のお父さんとお母さんなの？」と聞いた。

すると養父は「産んだ親は違うが、血はつながっていなくても、本当の家族だよ」と答えた。

味樹はこのときのことを、こう振り返る。

「びっくりした。捨てられたんだと思い、悲しかった。いい子にしていないと、また捨てられるんじゃないかと不安に駆られるようになりました」

養父母は旅行にもたくさん連れて行ってくれた。養母は手の込んだ料理を3食並べてくれた。ピアノの発表会に着る服も手作りしてくれ、手作りのおやつは友達にも評判だった。

「みきちゃんちのおやつ、おいしいね。また食べに行ってもいい？」と友達に聞かれることが、子ども心にうれしかったという。

愛情たっぷりに育ててくれたと実感している。

誕生日は捨てられた日

誕生日が来るのがつらかった。養父母はケーキとプレゼントを用意して祝ってくれるが、その日が近づくと苦しくなった。

「ほかの人にとって、誕生日は生まれてきたお祝いの日ですよね。でも、私にとっては捨てられた日。私は生まれてくることを望まれなかったのだと、突きつけられるんです。どうして私は生まれてきたのだろう。生まれてきてよかったのかなって。そう思い、自分の存在を自分で認めることができませんでした」

誕生日の夜、ケーキを食べた後は部屋にこもり、いつも一人で泣き続けた。

置き去りにされたことに対する怒りは収まらない。その一方で、実母への思いは募った。

「実母は、私を産んだ日が何月何日だったのか、覚えているだろうか。せめて私の誕生日くらい、私のことを思い出してくれるだろうか」

でも、それが誰なのか、どんな人なのか分からない。

「よほどの事情があったのでしょうが、どんな事情があったのかも分かりません。どこにいるのか、生きているのか、死んでいるのかさえ分からないんです」

味樹は高校生のころ、友人に「養子」だと打ち明けた。「そんな人いっぱいいるんじゃない。考え過ぎじゃないの」という答えが返ってきた。

「もう悩みを人に話さない。人には分かってもらえない。悩む私がおかしいのか、悩めば、養親に失礼じゃないのか」

一人で悩みを抱え込んだ。「人に分かってもらえない」というつらさも加わった。

味樹が保育士を目指して大学に通っていたころ、たまたま実習先が子どものころいた乳児院になった。

「子どもたちに何ができるのか不安になりました。不安で不安で、実習には行けないと思いました。先生に打ち明けたところ、ほかの保育園にしようという話になったのですが、自信がなくなってしまい、前に進めなくなりました。それで結局、大学も辞めてしまいました」

味樹を知る福祉関係者は、この反応を「フラッシュバック」と解説する。

ふだんは忘れているつらい過去の経験が突然よみがえることだ。物心つく前の幼い子ども時代であっても、潜在的な意識の中で置き去りにされたことを覚えているのかもしれない。

味樹はその後結婚し、妊娠した。受診した産婦人科病院で第1章で紹介した下園和子と知り合った。下園は慈恵病院を退職後、別の病院に勤務していた。

味樹が下園を通して調べてみると、菊池市の広報紙に「菊池幸ちゃん」の記事が載っていたことが分かった。そこに「黒川産婦人科医院」と書かれていたため、長女を出産後の２０１４年、下園と訪ねたという。

私はその医院を取材した。味樹と下園が訪ねてから3年後のことだった。院長の黒川篤一郎が言う。

「〝幸ちゃん〟が会いに来てくれて本当にうれしかった。私たちは〝幸ちゃん〟のことを忘れたことは一日もありません。今ごろどうしているのかなと、ずっと思っていました。今年は小学生だね、中学生だねって指を折って職員と年を数えていたんです」

　黒川によると、１９８８年10月中旬の午後7時半ごろ、当直の看護師が泣き声に気づいた。

　外に出てみると、生後まもない赤ちゃんがバスタオルにくるまれ、夜間通用口に置かれていた。看護師は急いで保育器に入れ、温めたという。看護師の一人が言う。

「みんなとてもびっくりしました。小さめだったので医院で3週間ほど預かりました。赤ちゃんは色白でとてもかわいかった。看護師たちは交代でわが子のように抱っこして話しかけ、ミルクを飲ませました。〝幸ちゃん〟は私たちにとってわが子と同じです」

　〝幸ちゃん〟が乳児院に移る日、看護師たちは涙を流しながら見送ったという。医院では、生まれた赤ちゃんを撮影するポラロイドカメラで〝幸ちゃん〟の写真を2枚撮っていた。黒川は写真を引き出しに入れ、「今ごろどうしているかな」と思いながら、時折見ていたという。

　黒川はその写真を、味樹に手渡した。

　写真の赤ちゃんは、1カ月前に生まれた、味樹の長女とそっくりだった。味樹は言う。

「私が赤ちゃんだったころの写真を初めて見たんです。写真を大切に保管してくれていて、今ごろどうしているかなと思ってくれている人たちがいたとは思いませんでした」

味樹は、自分が置かれていた通用口に立った。そこは、道路に近く、人が通りやすい場所だった。

実母には「子どもを誰かに見つけてほしい」「助かってほしい」という気持ちがあったと確信した。その瞬間、それまでの悩みや不安がスーッと軽くなった。

「置いた場所が産婦人科だったということも、助かってほしいという気持ちの表れだったと感じます。黒川先生たちに会って、私のことを大切に思ってくれる人たちがいたことを知りました。私は要らない子だから親に捨てられたと思っていましたが、実は多くの人に愛され、生かされたんだと実感しました」

菊池市の広報紙も救いになっているという。記事には「菊池幸ちゃん」に寄付金や服などを贈った人の名前があり、中に「菊池署刑事課一同」という文字があった。

「警察の人も一生懸命、実母を捜してくれたんだと思うんです。でも、見つけてあげられなくてごめんね、という気持ちが伝わります」

「いつもこの写真を見ていた」

私は黒川に、味樹を撮った写真と、赤ちゃんだったころの写真の接写を示すと、黒川は身を乗り出した。

「これです、これ。いつもこの写真を見ていたんです。でも、〝幸ちゃん〟が来たとき、本人に差し上げました。私の手元になくなったので、よかったらこの写真をいただけませんか。私たちにとって、音信不通になっていた娘が突然、孫を連れて帰って来たみたいな感じなんです。お母さんになっていて、本当にうれしくて」

写真のデータはあるので、その場で2枚の写真を渡した。黒川は目を細めた。

味樹が置き去りにされたころの新聞記事を調べてみた。

当時の熊日には、「女の赤ちゃん捨てる」という遺棄事件を報じる記事のほか、8日後には「ママ、名乗り出て!!」と呼び掛ける記事も掲載されていた。赤ちゃんの写真があり、「笑うとえくぼが可愛い〝菊池幸〟ちゃん」というキャプションがつけられていた。

私は２０１７年11月、味樹について2回の連載記事を書いた。最初は単発の記事にしようと思っていたが、2回に分けることで彼女の絶望からの再生を描きたいと思った。

1回目の見出しは「つらかった誕生日　私には捨てられた日」。2回目は「芽生えた感謝『愛され、生かされた』」。

記事には大きな反響があった。当時看護婦長をしていた80代の女性が通うデイサービスの職員から「会いたいそうです」と電話があり、味樹と一緒に訪ねることになった。

味樹が「助けてくださって、ありがとうございました」と礼を言うと、元婦長は味樹の手を握り、「あなたがあのときの赤ちゃんなのね。どうしているのだろうと、いつも思っていました」と再会を喜んだ。

黒川産婦人科医院にも行くと、当時の看護師が集まっていた。

元看護師の女性は、味樹の3歳になった長女を見て「〝幸ちゃん〟も3歳のころはこんな感じだったのかな」と話した。指を折って年を数え、「今ごろどうしているだろう」と想像を巡らせていた姿を確認しているようだった。

「どんな家庭で育っているんだろうね、きっといい家族に囲まれているよ、という話をみんなでしていたんです」

30年近くたっても〝幸ちゃん、幸ちゃん〟と、親戚の子どものように親しげに呼び掛ける様子は、いつも〝幸ちゃん〟のことを気にかけていたことを物語っていた。そんな雰囲気の中で、味樹は「ここに来ると、実家に帰ってきたような感じがする」と話した。

帰りがけ、熊日の菊池支局に寄ると、事務員が棚の膨大なネガフィルムの中から、日付を頼りに〝菊池幸ちゃん〟を撮影したコマを探してくれた。新聞に掲載された写真は赤ちゃんだけがトリミングされていたが、現像したモノクロ写真には、抱っこした赤ちゃんに微笑みかける看護師が写っていた。写真はすべて味樹に送った。

どうしても聞きたいことがあった。「赤ちゃんポストをどう思いますか」。味樹はこう言った。

「私が実名で取材に応じたり、人前で体験を語ったりするのは、ポストに置かれた子どもたちが気がかりだからです。一人じゃないよ、というメッセージを送りたい。こんな私でも、人の役に立てることが少しでもあるのなら、という気持ちです」

そう言って視線を落とし、また涙ぐんだ。

「子どもの立場から言いたいのは、養子縁組で幸せな家庭に入り、愛されればそれで幸せじゃないか、というのは違うということです。それは全然違うんです。どんなに養親に愛されても、実親が分からないことで子どもはどれほどの苦しみを味わわなければならないのか。生まれてきてよかったのか、生まれてきたらいけなかったんじゃないかと悩むんです。親が分かっている人には理解してもらえないかもしれませんが、深く悩み、不安を抱え続けます。養親に愛されればオッケーじゃない。全然オッケーじゃない。ずっとずっと苦しみ続けるんです」

　味樹は力を込めてそう訴えた。

「私はバスタオルにくるまれていましたが、せめて服を着せてくれていたら、と思います。せめて実母が名前だけでもつけてくれていたら。ひと言でいいから、ごめんねとわびる手紙があったら。それだけでも子どもにとって少しは救いになります。うそでもいいから、ごめんねと言ってほしい。事情があって子どもを手放すとしても、大切な存在だと伝えてほしい」

　2児の母となった味樹は、「うそでもいいから」と叫ぶように繰り返して、大粒の涙をこぼした。

ＡＩＤで生まれて

　実の親を知らないで育つことを、違う角度からも取材したかった。

　遺伝上の父親を捜す人の講演会が熊本市で開かれることになり、取材に向かった。

　非配偶者間人工授精（ＡＩＤ）で生まれた横浜市の医師、加藤英明だ。精悍《せいかん》な印象で、穏やかな語り口だ。ＡＩＤは、無精子症など男性不妊に悩む夫婦に、第三者の提供精子を用いて妊娠・出産する方法で、日本では慶應義塾大学病院が1948年に始めた。正確な統計はないが、生まれた子どもはこれまで1万人とも2万人ともいわれる。子どもたちは、遺伝上の父親を知ることができないことから、近年は「出自を知る権利」が保障されていないと問題視されることも多い。

加藤は医学部の学生だったとき、実習で両親の血液検査をしたところ、母親とは白血球の型が合うが、父親とは合わないことを知った。そのときから何も手に付かなくなった。父親が不在のとき、思い切って母親に聞いてみた。すると、「なかなか子どもができなかったため、慶應義塾大学病院で第三者から精子の提供を受けた。墓場まで持っていくつもりだった」と知らされた。

「自分を築いている土台が足元から崩れていく感じがしました。足元に何もない、宙に浮いているような感覚です。子どものころの写真を見て、あれもうそだったのではないかと思い始めました。自分はいったい誰なのか。どこから来たのか。自分のもとになった親を知りたいと思うのは当然です。分からないことは非常に不安なんです」

加藤は医学部の卒業アルバムを入手し、一人ひとりに手紙を書いたり、自分に似ている人はいないかと丹念に調べたりした。しかし、なしのつぶてという。

加藤は当時、慶應大でＡＩＤを実施していた医師にも会いにいったが、「子どもが不安に思うこと自体、全く考えられていなかった」という。

「昔は子どもを産めなかった女性は家から追い出されることもありました。そうした女性を救いたいという思いから始まりました。救おうと思って始めたときは間違っていなかったと思いますが、それが正しいとずっと思い続けてきたことは間違いでしょう。子どもにとって、親と医師がグルになっているとしか思えない。子どもを孤立させてきたんです」

加藤にとっての父親は「育ての父親」だという。

「血がつながっていない家族を否定しているわけではありません。家族だからこそ、うそや秘密があってはいけないんです」

赤ちゃんポストについても聞いた。

「困っている人を助けたいという思いだったのは、ＡＩＤも赤ちゃんポストも一緒です。どちらも医師が善意で始めたことです。赤ちゃんポストに預けられた子どもにとって、『ポストがなかったらあなたは死んでいたかもしれない』と言われても、納得できないと思います。私たちと同じように苦しむでしょう。出自が分からない子どもは苦しむんです。苦しいという子どもの声を聞いてほしい」

加藤たちはＡＩＤで生まれた人たちの自助グループをつくって活動している。

グループは当事者６人の手記などを収録した『ＡＩＤで生まれるということ―精子提供

で生まれた子どもたちの声―』を出している。こんな記述がある（執筆者はそれぞれ別である）。

・長い間事実を隠していたこと、隠すべきものとして扱ってきたこと、そしてそれは事実を知った後も変わらず、この話題は周囲に打ち明けてはいけないこととして親は扱ってきていました。自分は親がそんなにも隠したい、恥ずかしいと思っているような方法で生まれてきてしまったのかと感じていました。

・どんなに残酷な事実であっても、嘘偽りない事実は受け止める作業ができます。けれども、「わからない」ということを受け止めるのは苦しいことです。私は嘘はもういらないという思いでいっぱいです。

本には、当事者の対談も収録されている。こんな会話がある。

・三〇代で、子どもがいたし、結婚もしていて、「今のままで幸せでしょ」「子どもが生まれてよかったじゃない」と。そこは全然違う問題なのに、そこにもっていかれて、

「望まれて生まれてきたし、可愛がってもらったし、愛されたし、何の不満があるの」「何でそんなことで悩むの。子どもみたい」と。（中略）「悩んでいる自分がおかしいのかな」とか、「思ってはいけないことなんだな」とか、自分でも受け止めてしまっていたので、よけいに孤独な感じがしていました。

・子どもを一人の人間として尊重していない、ということなのかなと思います。愛情をかければ幸せ、というイメージが強いのだけど、愛情だけでは生きていけない。子どもの権利や尊厳も大事にされるべきで、そこがまったく大事にされなかった感じがあって、そこなのかなと思います。

彼らの発言に共通しているのは、出自が分からぬことに対する「不安」と「怒り」だ。

天使の宿

子どもたちとその出自について考える上で参考となる事案は他にもある。

１９８０年代に赤ちゃんポストと似たような施設が群馬県大胡《おおご》町（現前橋市）にあった。

子どもたちを育てた施設の運営財団の理事だったという。

「天使の宿」という名前だった。

群馬県議だった中村紀雄が天使の宿について書いているブログを見つけた。預けられた子どもたちを育てた施設の運営財団の理事だったという。

さまざまな子がいた。真剣に勉強して頑張る模範的な少年もいれば、登校拒否の子や非行に走る子もいた。彼らは口には出さないが皆肉親に対して強い思いを抱いているようであった。

熱心な人たちが彼らを支えているが、子どもがまっすぐ伸びるためには親の愛情が不可欠である。このことをつくづくと感じた。彼らが寂しさに耐え、見たこともない親を思いながら人生を生きていく姿を想像するとき、簡単に子を捨てる親は許せないと思った。

赤ちゃんポストを社会的に公認することが無責任な親に口実を与え、育児放棄を助長することになってはならない。熊本市の病院は24時間保温の保育器を設け、産婦人科の看護師、助産師らが24時間で対応するという。あんな良いところに預けたのだからと安易に考える無責任な親の姿を想像してしまう。

中村の事務所に連絡した。「取材に来られるなら、当時のことは成相《なりあい》八千代さんが詳しいので、連絡してみます」と答えてくれた。

さらに天使の宿があった児童養護施設に電話を掛けると、元職員の松橋《まつはし》美明を紹介され、「施設とは直接関係がありませんが、天使の宿の跡なら案内できます」と言ってくれた。

２０１７年８月、群馬県に向かった。

天使の宿を開設したのは、児童養護施設の園長だった品川博（１９９９年、83歳で没）だ。原点は戦災孤児の救済だった。孤児とともに施設を始めた品川は１９８５年ごろ、借金を苦にした家族が心中する事件に心を痛めていた。追い詰められた家族を施設で受け入れるようになった。

松橋はこう振り返る。

「品川さんはとにかく熱い人でした。困っている人に対して、来るもの拒まずという姿勢で、みんな受け入れていました」

ところが１９８６年、施設の玄関先に乳児が置き去りにされる事件が発生した。乳児は無事だったが、品川はこの事件をきっかけに、安全に子どもを置くことができる「乳児預かり施設」の開設を決意する。施設の一角に、「天使の宿」と名付けたプレハブを設置した。子どもを置くと明かりをつけて知らせるという仕組みだ。

地元紙・上毛新聞は86年9月18日付の社会面トップで「捨てられた子に愛の手」と大きく報じている。20日付には落成式があったことを報じ、「幸せのスタートに」という見出しが付けられている。

同新聞は開設から1年後の87年10月7日付で、「設置から一年」と題したリポートを掲載した。乳幼児14人が置かれ、「半数以上は高校生の産んだ赤ちゃんです。残りは奥さんの浮気の結果、生まれた子。県外からやってきて捨てられた子が多い」という品川の話が載っている。

さらに、品川のこんな話もある。

「親が子供を道連れにするのはまぎれもない子殺し。子供の生きる権利はどうするのか。それならば私に託してほしい。私がきっと幸せにする」

子どもを預けた母親の手紙のコピーも掲載されている。こうつづっている。（原文ママ）

今の生活ではその日その日をくらして行くのが精一ぱいで、この子を育ててやる事が出来ません。（中略）今の私といるよりは品川先生の所でおせわになった方がこの子も幸せだと思いました。都合のいいおかあさんだと自分でも思っています。出来れば放したくないんです。そう思ってはいても現実を考えて先生の所にお願いしようと思いました。

いずれは自分が仕事について今の生活から一歩でも進めたら必ずむかえ来ます。ぜったいに一緒にくらしたいと思っています。そう出来る様になるまでどうかよろしくお願いします。必ずむかえに来ます。一日でも早くこれる様にします。

この母親は子どもと一緒に暮らしたいと願っていたが、預けることが最善の選択だと考えたのだろう。しかし、迎えには来なかった。

元県議の中村と成相とは、前橋市内のホテルのロビーで待ち合わせた。中村は自民党県議を7期務め、議長などの要職も歴任した。政治家としての威厳と風格が漂っている。

成相はそのとき89歳だったが、背筋は伸び、長い髪を三つ編みにして、白いレースのついた服を着ていた。失礼な表現かもしれないが、「かわいいおばあちゃん」という印象を持った。成相が話す。

「高校生が産んだ赤ちゃんや、7歳くらいの子、障害児もいました」

成相は「品川さんが子どもたちの戸籍を作った」と話すが、戸籍法では捨てられた子どもの戸籍は市町村長が作ることになっている。前橋市役所に問い合わせたら「合併前のことは分からない」と言われた。群馬県庁にも電話したが、「天使の宿？　何のことですか」

という反応で、忘れ去られていると感じた。

遺体発見で閉鎖

「天使の宿」は開設から６年後、男児の遺体が発見されたことをきっかけに、閉鎖された。預けられた男児の発見が遅れ、凍死したと見られている。

閉鎖されても預けられた子どもたちを育てる必要があった。成相や地域のボランティアが手伝った。成相は振り返る。

「周囲の大人たちは子どもの親の悪口をよく言いました。そんなひどい親のもとで育てられず、ここに預けられてよかったね、という意味だったのでしょうが、自分を捨てた親であっても、親への悪口を聞いて、子どもたちは深く傷ついていました。親を知らないから言い返すこともできませんでした」

成相によると、「天使の宿」に預けられ、大きくなるまで育てた子どもは７人ほど。進学したがらなかったが、「高校だけは出て」と繰り返し説得した。やっと入学したものの中退者が相次ぎ、結局、高校を卒業したのは１人だけだった。

特に思春期のころ、子どもたちの問題行動に周囲は手を焼いたという。中村はこう振り返る。

「背景には、親から置いていかれたことの不信感がありました。子どもの親には責任があります。安易にその責任を放棄することがあってはなりません。行政は親の子育てを支援し、育てられない場合は養子縁組を進めることが重要ではないでしょうか」

　横で成相が深くうなずき、こう話した。

「子どもたちの人生は、だれも見ていないところに一人で置かれるところから始まりました。大切な存在として親から抱き締められた経験もありません。人への信頼感や自己肯定感を育むことは難しいと感じます」

　元施設職員の松橋はこう話す。

「命を救いたいという品川さんの理念は崇高でした。ただ、自分の都合を優先して黙って子どもを置いた親とのギャップはあまりに大きかった。預けた親たちは、子どもに何とか助かってほしいと思っていたはずです。天使の宿がなければ、どんなに苦しくても自分で育てたのではないかと考えます。あったから安易に置かせてしまった面があるのではないかと思います」

　さらに、こう続けた。

「児童福祉に長く携わりましたが、子どもにとって、自分のルーツが分からないことほど不安なことはありません。長い人生の中で、ずっと引きずり、乗り越えられない壁になります。子どもたちの将来に、誰が責任を持てるのでしょうか」

松橋に、「天使の宿」の跡と、預けられた子どもが暮らした「かけこみ寺」の跡を案内してもらった。

天使の宿だったプレハブは既になく、跡には石碑が建てられていた。

かけこみ寺だった建物は存在していた。立派なコンクリート4階建てだった。「天使の宿」の趣旨に賛同した会社社長が3億円を寄付し、建設されたという。

しかし、寄付を頼りにした運営は、年間100万円単位の固定資産税の支払いにも困るようになる。最後の子どもが18歳になったのを機に、閉鎖され、運営していた財団は解散した。

土地と建物は所有者がいなくなったため、民法の規定に従って、国のものとなった。管理する財務省の出先機関に電話すると、対応した職員は「買い手がつかない状態です。改修して使うとしても、かなり大規模になりそうで、なかなか難しい」と言った。

近くには民家がぽつん、ぽつんとあり、畑が並ぶ細い道を通った奥にある。のどかな風景と、時計台を備えたコンクリート4階建ては不釣り合いだった。

「立入禁止」と書かれた看板の奥では、かつて子どもたちが遊んだだろうブランコが、朽ちたまま放置されていた。

「最悪の出自」であっても

赤ちゃんポストを支持する人の中に、実親を知ってしまうことがかえって不幸を招くことがあるという主張がある。彼らが想定するのは、出生に関して、犯罪や何かしらの後ろめたい事情が絡んでいる場合である。

２０１６年２月、熊本大が赤ちゃんポストをテーマにしたシンポジウムを開いた。ドイツ連邦家族省係官のコリンナ・ボッホマンが、子どもの出自を知る権利を守る取り組みについて講演した。

会場に、慈恵病院理事長・蓮田太二の長男であり、副院長の蓮田健《たけし》が来ていて、質疑応答で「性暴力や不倫で生まれる子どももいます。出自を知って子どもは幸せになれるのか。いいこととは思えません」と問い掛けた。

ボッホマンは「出自を知ることは子どもの基本的な権利です。権利を行使するかどうかは子どもが決めます。出自を知ることは、アイデンティティーを形成する上で不可欠です」と答えた。赤ちゃんポストに預けられた子どもが大きくなって、「どんなに残酷であってもいいから、事実を知りたい」と訴えたなら、それは権利として尊重されなければならないということだ。

だが、既にその情報はない場合もある。捜そうとしても、手掛かりはない。

さらに18年4月には、熊本市で赤ちゃんポストに関する国際シンポジウムが開かれた。慈恵病院などでつくる実行委員会が主催した。世界11カ国から設置者が集まり、約４００人が聴いた。

アメリカの消防士、モニカ・ケルシーが講演した。蓮田太二著『ゆりかごにそっと―熊本慈恵病院「こうのとりのゆりかご」に託された母と子の命―』に、その講演の抄録が掲載されているので引用する。

> 私を産んでくれた女性を見つけたいと思ったのは八年前の日曜日です。自分の養子縁組の情報やデータを読み返してみると、彼女の住所がわかりました。
>
> そのまま、矢も盾もたまらずに、夫とともにミシガン州にある彼女の家まで車で行きました。
>
> 扉を開けた彼女の顔色は真っ青で、私よりも緊張していました。（中略）夫の手を握りながら、私は質問をしました。

「私の本当の父親はだれなのですか？」

言いしぶる母を、どうしても知りたいと説得し、語ってもらいました。しかし、真実は恐ろしいものでした。

母親は17歳だったときレイプされ、妊娠してしまった。出産後2時間で赤ちゃんを病院に置き去りにしたという。

その子どもこそが私でした。私の本当の父親は有罪判決を受けた強姦魔でした。母親の家を後にしてから何ヶ月か経ったとき、衝撃は深く地をゆるがすようにやってきて、私を打ちのめしました。

私は里親の愛すべき大切な娘ではなく、暴力によってこの世に生まれた、望まれない子どもだった。私の自信は砕け散りました。

最初から間違いだった人生を、どのように生きていけばよかったのか。このまま、出生の真実を知らないふりをして、偽りのなかで生きていくことはできるのか、もうできないではないか。（中略）

何ヶ月も感情的な痛みに苦しみましたが、教会の人々や、哲学、道徳の先生に打ち明けてサポートを受けるようになったある日、私は啓示を得ます。

「だれにも存在する理由がある」

天からか、自分のなかからなのか、言葉がやってきました。

私が、存在する理由とはなんだろう？

私が最も良く生きる、生き方とはなにか？　考え抜きました。

そして、私こそが、性暴力、予期しない妊娠、パートナーからの裏切りで人生を壊された女性を助けることができるのだとわかりました。

モニカは、赤ちゃんポストの設置を訴える活動をしている。「産みの親を知ることができない」という批判に対して、「その答えは私自身にある」としてこう話した。

私は遺棄された子どもで、それも最悪の出自でしたが、苦闘の末に、自分の人生を送るという大切さを知り、力強く生きることを選ぶことができた、という事実です。

この話の意味するところは何だろう。

実の親を知ることが不幸を招くこともあるということか。

最悪の出自であっても事実を知り、支援を受ければ乗り越えていけるということか。

モニカ本人や彼女を招いた側の意図を別とすれば、私は後者だと思いたい。それほど私が取材した、出自を知らない子どもたちの懊悩《おうのう》は深かった。

第5章　抑止力

妊娠を隠したい

赤ちゃんポストによって、新たな親と出会った子どもの暮らしぶりは既に述べた。出自に関しての不安は残るものの、現時点で子どもが充実した生活を送っていることは疑いようもない。ポストが人びとの「幸せ」に寄与している点はあるということだ。

一方で、子どもたちの「命が救われた」とまで言えるかどうか。この表現からは、もしポストがなかったら、最悪の事態が想定されるということである。この章では、ポストが赤ちゃん遺棄の抑止力になりうるかどうかを見ていきたい。

ポスト設置のきっかけは遺棄事件だったことは前述した。それは２００５年12月に発生した。ポストに「命を救う」という意味合いを与えた事件だけに、もう少し詳しく見ていきたい。06年1月31日付の熊日はこう伝えている。

トイレに女児を産み落としたとして、荒尾署は30日午後、殺人と死体遺棄の疑いで大牟田市（記事では字名も）、専門学校生A（記事では実名）容疑者（21）を逮捕した。調べでは、A容疑者は昨年12月10日午前1時ごろ、交際中で父親とみられる荒尾市のアルバイト男性（29）宅で陣痛を催し、くみ取り式トイレで女児を出産。そのまま便そう内に放置し、窒息死させた疑い。

A容疑者は出産後、同市内の病院に入院。病院からの通報で同署が同月12日、女児を発見し、同容疑者の回復を待っていた。女児は体重３０００グラムの成熟児だった。

この女性は匿名にこだわっていたわけではなさそうだ。子どもを産んだ後、体調が悪かったのだろう、病院を受診している。病院に行けば、出産の形跡は分かる。「妊娠を隠したい」というより、産気づいてパニックになり、どうしていいか分からなかったのではないだろうか。

もしポストがあれば、トイレではないところで子どもを産み、へその緒を切って連れて行っただろうか。

Ａ容疑者は退学を恐れて家族や友人に相談できないまま臨月を迎えた。

法廷では涙を流して悔いたという。殺人罪で懲役６年の実刑判決を受けた。

こうした遺棄事件について、慈恵病院理事長の蓮田太二は「熊本県内でも実際に起きている。見て見ぬふりはできない。赤ちゃんポストを置くことで遺棄の防止ができる」と語っている。

ここでは抑止力の検証をするために実際の事件を題材にとりたい。

２００７年12月、熊本市のアパートのベランダで赤ちゃんの遺体が発見された。アパートに住む37歳の母親が死体遺棄の疑いで逮捕された。

母親は９月中旬の深夜、自宅トイレで女児を出産し、直後に両手で首を絞めて殺したという。ビニール袋に入れてベランダに放置していた。

３カ月たった12月、「自宅で子どもを産んだが、すぐに捨てた」と自ら１１０番通報した。

当時の記事によると、「家族には妊娠や出産したことは言ってなかった。ずっと気になり思い悩んでいた」と供述している。夫もおり、「おなかが大きい」様子を目撃した住民の話もある。

07年9月といえば、慈恵病院が赤ちゃんポストを設置してからわずか４カ月後だ。しかも、このアパートは、病院から直線距離で４キロ程度しか離れていない。

事件から12年後の19年5月、このアパート周辺を歩いた。付近で井戸端会議をしていた３人に声をかけたところ、女性２人が母親のことを覚えていた。「普通のお母さんだった」と口をそろえた。

「見た目には家族の仲も良かったです。子どもが３人いて、一緒に遊んだり、買い物に行ったりする姿をよく見かけました。だから事件を知って、まさかあの奥さんが、と驚いたんです」

死んだ子どもは女性にとって第４子だった。私は「赤ちゃんポストが置かれたばかりだったので、殺すくらいだったら預ければよかったのにと思いませんでしたか」と問い掛けた。

「事件のとき、もうありましたっけ？」と一人が口を開くと別の一人が続けた。

「私たちだって思い浮かびもしないんだから、あの奥さんもそこまで頭が回らなかったと思いますよ。悪意を持って人を殺してしまうような人じゃない。予定していなかったときに突然生まれてきて、気が動転してパニックになったとしか思えません。ポストに連れて行こうとか、そんなことを考える余裕はなかったと思います。死んだ子どもをベランダに置き、夜も寝られないくらい悩んでいたようです」

事件当時、アパートの大家だった男性に話を聞くと、別の側面が見えてきた。

「母親は再婚で、ご主人は長距離トラックの運転手でした。仕事に出ると1週間ほど家を空けます。その間、別れた元夫が出入りしていたようなんです。その元夫の子どもを妊娠したと聞いています。それで誰にも言えないまま、病院も受診できず、トイレでひっそり産んだようです」

大家の妻も話に加わった。

「母親はしっかりした印象の方で、普通のお母さんでしたよ。事件の少し前、車で事故を起こしていました。うつ病みたいな感じだったようです。食事が作れないからと、親戚の方がご飯を作って運んでいました。よほど精神的に追い詰められていたんじゃないかと思いますよ。悪い人じゃなかったです」

険しい表情をしてこう続けた。

「それにしても一番悪いのは前のご主人じゃないですか。母親は逮捕されましたが、一番悪い前のご主人は何の罪にも問われないのって、おかしいと思います。私は納得できませんね」

3カ月間、子どもの遺体はアパートのベランダに置かれていた。周囲は事件に気づかず、母親の様子も何事もなかったかのように映っていた。

しかし、母親本人はずっと悩み続け、３カ月後に自ら１１０番通報する。妊娠・出産したこと、さらには子どもを遺棄したことも、実名で報道された。

私はこの女性を捜した。実家で営んでいた自営業の業種が分かったため、該当する家を一軒一軒訪ねた。女性が働いていたと聞いた飲食店の経営者や、別のアルバイト先の雇用主に話を聞くことができたが、女性にたどり着くことはできなかった。

ただ、関係者の話で上の子どもたちは慈恵病院で生まれていたことが分かった。

遺体がポストに

２００５年12月の事件を機に赤ちゃんポストは設置されたわけだが、ポスト設置後も、遺棄事件は発生している。慈恵病院看護部長だった田尻由貴子は、共著『「こうのとりのゆりかご」は問いかける』の中で、「２０１２年春、九州において立て続けに2件の新生児遺棄事件があった。そのニュースを知ったとき、筆者は心を痛め、〝なぜ『こうのとりのゆりかご』に連れて来てくれなかったのか〟と腹立たしさを覚えた」と書いている。

ポストを設置すれば、遺棄事件を防げるのではないかという希望があった。この文章からはその希望が、子どもを死なせた女性に対する非難に変わっているようにも読み取れる。赤ちゃんポストを支えてきた田尻がそう書きたくなる気持ちは理解できるが、ここは立ち止まって考えたい。

こうした女性たちに必要だったのは、赤ちゃんポストだったのだろうか。女性が子どもを遺棄するほど思い悩む前に、手を差し伸べる人や相談に乗れる人はなぜいなかったのだろう。それができなかった周囲や社会こそ問題の本質なのではないか。

14年10月には、赤ちゃんの遺体がポストに置かれるという事件が発生した。遺体は既に腐敗が進んでおり、見つけた職員が警察に通報した。死体遺棄事件として捜査され、翌日、31歳の母親が逮捕された。職員が道路に止めてあった車のナンバーを書き留めていたことが決め手となった。

司法解剖の結果、赤ちゃんは呼吸した形跡がなく、死産だったことが分かった。母親は妊娠に気づいていたが、「両親から怒られる」と思い、言い出せなかったという。

おなかの子どもについては「生まれたら（親に）相談して育てようと思っていた」と供述している。ところが自宅で産んだ男児は息をしなかった。「赤ちゃんの供養をしたい」と、ポストに置いたという。裁判ではこんなやり取りがあった。

弁護士「なぜ遺体をこうのとりのゆりかごに預けようと考えたのですか」

被告人「助けてもらえると思ったからです。赤ちゃんを供養してもらえるのではないかと思いました」

弁護士「遺体を山や海に捨ててしまおうとは思いませんでしたか」

被告人「思いませんでした。大事な子どもだからです。十カ月間、自分のおなかで育ててきた子どもだから大事だと思っていました。捨てようと考えたことはありません」

弁護士「亡くなった赤ちゃんに言いたいことはありますか」

被告人「きちんと産んであげられなくてごめんねと言いたいです。赤ちゃんのお墓参りに行きたいです」

女性に殺意はなかった。熊本地裁で懲役1年、執行猶予3年の有罪判決を受けた。

２０１０年9月には、熊本市で生後すぐの赤ちゃんの遺体が家庭ごみに捨てられるという事件が発生した。当時の報道によると、19歳の母親は出産後、病院を受診している。出産した形跡があるが、乳児が見当たらないため病院が警察に通報した。

女性は「女の子を出産したが、死んだので捨てた」と供述したという。

死因は特定できなかったが、熊本地検は「女児が死亡した経緯に事件性は認められなかった」とした。女性は殺意を持って殺したわけではなかった。

この事件は、赤ちゃんポストに関する書籍に登場したことがある。事件後、「子どもが捨てられるのでポストが必要だ」という声も聞こえてきたが、私は「ポストが近くにあっても連れて行けなかった」ことをちゃんと検証すべきだったように思う。

さまざまなリスク

医療の介助を受けずに生まれた赤ちゃんは、亡くなってしまう可能性がある。36度程度の母親の体温に包まれた場所から外に出ると、赤ちゃんにとっては寒い世界だ。体温の調節機能は未熟なため、医療機関では生まれてすぐの赤ちゃんを温める。

生まれてすぐの赤ちゃんを放っておけば、それだけで体温が下がって死んでしまうのだ。ある助産師は「生まれてすぐの赤ちゃんは甲高い声で泣くことがあります。無事に生まれて泣き声を上げたとしても、妊娠を隠していた人の場合、その声に驚き、声を聞かれないように口に手を当ててしまうことがあるのではないでしょうか」と言う。

赤ちゃんポストは、子どもを殺害・遺棄している人が「意図的に殺したいと考えている」ことが前提となっている。妊娠・出産したことを知られたくないから殺してしまうとして、「出産したことを匿名にしますから、その子を殺さないで連れて来てください」と呼び掛けている。

意図的に殺そうと考えているわけではなく、事故のように過失でうっかり子どもを死なせてしまう人たちに「子どもが死んでしまう前に赤ちゃんポストに連れて行って」と呼び掛けて、果たして効果があるのだろうか。事故は、意図せずに起きてしまうものだ。

予期せぬ妊娠

厚生労働省の虐待死報告では、赤ちゃんポストが設置された２００７年度、虐待で死亡した子どもは78人（心中除く）。ただしこれは07年１月〜08年３月の15カ月分の数字のため、前年と比較できるよう０・８を掛け12カ月分として単純計算すると、62人。前年は61人のため、ほぼ横ばいだ。

20年度の報告では49人。０歳児が32人で、65・３％を占める。このうち０カ月が半分の16人だ。この10年、増えたり減ったりしているが、50人前後で推移しており、赤ちゃんポストが虐待死を減らしたと読み取ることは難しい。

報告の第１次（２００３年度）から第18次（20年度）までで、生まれてきたその日（０日児）に虐待で亡くなったのは計１７３人。内訳は絞殺以外の窒息55人、放置29人、絞殺８人、その他27人、不明54人。出産場所は自宅が１１５人、自宅以外42人、不明16人。医療機関で生まれたケースで0日児の虐待死はない。

こうした数字だけをもって、赤ちゃんポストの存在理由を否定するつもりはない。救われた人もいるかもしれない。だが、確実に言えることはある。赤ちゃんポストだけが、虐待や遺棄事件の処方箋であるはずはないということだ。

赤ちゃんポストを利用する理由に「妊娠したことを言いたくないから」と答える女性たちがいる。彼女たちを責められないと思う。

デートDV（恋人間の暴力）防止に取り組む認定NPO法人エンパワメントかながわ理事長、阿部真紀の講演を取材する機会があった。阿部はこう言った。

「DV被害を親に言わないで、学校にも知られたくない、という女性たちはいます。その気持ちを否定せず、寄り添いながら、信頼関係を築くよう努めます。時間をかけて親へ接触することの了解を得るよう努めます。家庭を見ると、そこには虐待や暴力、親の病気などが隠れていることがあります。それが言いたくない理由になっているんです」

匿名を望むからといって匿名のままにしておけば、女性たちが受けている暴力は続いてしまう。

熊本市が設置した専門部会の部会長で関西大教授の山縣文治は話す。

「母親に子どもを育てる意思があっても、父親が命令して子どもを置かせるケースもあります。組織の中で、上司の男性と部下の女性との間に子どもができた場合など、上下関係があり、部下の女性は逆らえない。預けに来た女性は被害者という側面もあります」

背景にＤＶが疑われるケースもあるのではないだろうか。実際、子どもを預けた女性が、夫から受けているＤＶの詳細を記した手紙を残したこともある。

さらに山縣はこう指摘する。

「赤ちゃんポストの背景には、男性が逃げ得しているケースも少なくありません。相手の女性が妊娠したことをほとんどの男性が知っています。知っていてもあえて関与せず、逃げているんです。しかし、女性は、自らの身の中に育まれる命からは逃げられません。結果として一方的に背負い込まされています」

熊本市の専門部会の第４期検証報告書にはこんな指摘がある。

「父親がゆりかごへの預け入れを勧めたり、妊娠の事実を知らない等、父親の側が妊娠・出産に対して当事者としての自覚を持ち得ていない例も少なくない」

それに対して、「父親自身が、妊娠・出産・育児の問題は自らの問題であることを自覚することが必要であり、そのことについて社会に強く訴えていくとともに、そのための教育や啓発に力を入れていくことが重要である」とも書かれている。

背景はさまざまだが、赤ちゃんポストに預けに来るのは追い詰められた母親が多い。そしてまず責任を問われるのもその母親だ。本来は彼女をそこまで追い詰めた社会のあり方を考えなければならないはずだ。もっと父親の責任を問う声が高まるべきだと私は考えている。

ある医師を取材したとき、「赤ちゃんポストについて記事を書いている記者さんですよね」と言われ、そのときの取材のテーマは別だったが、ポストに関する話になった。医師は言った。

「自宅で孤立出産する女性の中には、精神障害や知的障害、発達障害などの人が一定数います」

妊娠したことに気づいていなかったり、どうしていいのか分からなかったりするという。ここでもまた、身勝手な男性の姿が浮かぶ。

「関係者が情報を共有し、その女性を支える仕組みが必要です」

医師は、子どもへの影響も指摘した。

「親に捨てられたことは、一生、その人に影響を与え続けます。何かうまくいかないことがあったとき、『私は親に捨てられたから、やっぱりうまくいかないんだ』『こんな私だから親に捨てられたんだ』と思ってしまいます。高齢になってもそれは続きます」

そして大阪産婦人科医会の取り組みを教えてくれた。同会は未受診妊婦の実態を調査している。医療機関や行政、児童相談所などが協力して、妊婦健診を受けていない妊婦を把握し、医療ソーシャルワーカーや地域保健師らが訪問するなどして介入する。

２０１４年3月の「未受診や飛び込みによる出産等実態調査報告書」では、こんなケースが紹介されている。周囲がある女性の妊娠に気づいたものの、本人は強く否定した。保健師らが重点的に家庭訪問していたところ、たまたま訪れたとき数時間前に自宅出産したことを女性が告白したという。保健師が赤ちゃんを救急搬送した。

報告書は「未受診や飛び込みによる出産をするハイリスク妊産婦と、児童虐待の背景要因は類似しており、多くの機関が継続して支援する必要がある」としている。

匿名を守ると言って介入を避ける赤ちゃんポストと、積極的に介入する大阪の取り組みは、「ベクトルの方向が違う」と医師は指摘した。

調査に携わった大阪府立病院機構大阪母子医療センター副院長の光田信明はこう指摘する。

「さまざまな課題を抱えた母親がいますが、親子が一緒に暮らし、子どもを育てていくためには支援が必要です。ありがたいことに既に日本には行政によるさまざまな支援制度があります。行政や医療機関など関係機関が情報を共有し、ワンストップであの手この手のサービスを提供することが大切です。情報を『連絡』に終わらせず、多機関・多職種の

『連携』につなげることが欠かせません」

預けたあとで

この章の最後に、序章で紹介した理恵のその後に触れたい。

理恵とこの章の前半に紹介した、亡くなった赤ちゃんをポストに置いた女性は、周囲に言い出せずに自宅で出産した経緯は共通する。その後「助けてくれる」と思って赤ちゃんポストを目指したことも同じだ。

違ったのは、子どもが生きていたか、死んでいたか。

理恵の子どもが生きていたのは、本人も言うように奇跡的だった。生きている子どもを預けた理恵は、警察には捕まらなかった。

一方の女性の子どもは死産で、女性が殺したわけではないが、死体遺棄容疑で逮捕された。

この2人の運命を分けたのは、紙一重の差だろう。

理恵が「もし子どもが死んでいたら、事件になっていたと思う」と言っていたのを思い出す。

赤ちゃんポストに子どもを置いた理恵は、声を掛けたスタッフに促されて病院に入り、出産による傷を手当てしてもらった。

「大丈夫ですか」と聞かれ、「傷はいつか治るので大丈夫です」と答えた。

その日、母親には一人で帰ってもらい、理恵は病院の和室に泊まった。スタッフはみな優しく、温かい対応だった。「傷だけでなく、心も手当てしてもらいました」と理恵は感謝する。

子どもの処遇は、理恵が住む県の児相に移管され、子どもは乳児院に預けられた。乳児院は実家から徒歩で行ける距離にある。母親の不慣れな運転で数時間かけて熊本を目指したが、子どもはすぐ近くの乳児院に戻ってきた。

母子手帳を持っていなかった理恵に、児相はまず保健所で母子手帳をもらうように言った。保健所に行き、妊娠週数を聞かれて「子どもはもう生まれているんですけど」と言うと驚かれ、奥の部屋に通された。

「子どもは一人で浴室で産みました」と告げると、職員は「私では重すぎる話です」と言って上司を連れてきた。また最初から説明してようやく母子手帳をもらった。

次に出生届を出すため、市役所に向かった。しかし、子どもが生まれたところを誰も見ていないため、親子関係を証明してくれる人がいない。医師や助産師による出生証明書もない。

市役所では「受け付けられません」と言われ、不受理となり、法務局に行くように言われた。法務局でもまた、「浴室で一人で産み、赤ちゃんポストに預けた」ことを話した。

「なぜ医療機関に行かなかったのか」

「どんな事情があったのか」

保健所でも、市役所でも、法務局でも、繰り返し説明を求められた。いずれも最初の担当者に話すと驚かれ、上司がやって来て、また最初から同じことを説明した。数週間たって、やっと受理してもらえることになった。

医師や助産師に出生証明書を書いてもらえれば、市役所に出生届を出すだけで済んだが、理恵は法務局まで行って事情を説明しなければならなかった。

乳児院での子どもとの面会は１週間に１回だけ、時間は１時間だけと決められた。

「子どもが近くにいるのに、会う時間も限られ、何もできないことがつらかったです」

早く養親のもとに行ってほしい。両親がいる家庭で愛されて育ってほしい。そう願ったが、面会も限られ、なかなか養子縁組の手続きが進まず、児相に対して不信感を募らせた。

ある日、児相の職員が持っていた理恵に関するファイルに、「ネグレクト」と書かれているのを見て驚いた。ネグレクトとは養育放棄のことだ。

「私ってネグレクトなんですか」

そう聞くと、職員は「何か分類をつけなきゃいけないので、つけているだけです」と答えた。

理恵は「ネグレクトって、食事を与えないような親のことですよね。私は子どもに食事はちゃんと与えます。ネグレクトだなんて、ショックを受けました」と下を向いた。

赤ちゃんポストに子どもを預ける行為は、児相ではネグレクトという虐待に分類する。理恵はまさかネグレクトになるとは、夢にも思っていなかったという。

「私は、子どもの幸せを考えているんです。この子にとって、両親がいる家庭で育てられた方が幸せになると信じているんです」

「子どもの幸せ」――。またこの言葉に出会った。設置した慈恵病院も、認めた当時の熊本市長も、赤ちゃんポストは子どもの幸せのためだと言った。

そして預ける親もまた、子どもの幸せのためと言う。果たして子どもの幸せとは何だろう。この取材を通して何度も頭に浮かんだ問いである。

私は理恵に、「もしポストがなかったら、どうしていましたか」と聞いた。

「肩身の狭い思いをしながら、自分で育てていたと思います」

この答えは、私にとって予想外だった。遺棄されたり、虐待されたりする子どもを助けように赤ちゃんポストは設置された。私は記事で「親が育てられない赤ちゃんを預かる」と表現してきた。育てることができる人から預かることは想定されていないのだ。

理恵はしばらく置いて、「でも、夫ではない人の子どもを産んでって、父からきっと怒られていたと思います。厳格な昭和の父なんです。ずっと怒られ、その怒りを今度は子どもに向けていたかもしれません。だから養親に託すという選択で良かったと思っています」と自らに言い聞かせるように言った。子どもの祖父である父親には、子どもの存在は伝えていない。

私はさらに「ゆりかごがなければ、子どもは殺されていたかもしれないと言われますが、どう思いますか」と聞いた。

「頭をよぎったことはあります」

子どもを庭に埋めて、自分も死のうか。そうすればバカなことをしたことも全部、なかったことにできるのではないか――。

「頭をよぎったけれども、それを本当に実行しようなんて思っていませんでした」

理恵は「バカなことをした」と繰り返した。バカなこととは、男友達と関係を持ったことを指していた。その口振りから、強く後悔していることが感じられた。

子どもの実父である男友達には妊娠・出産を告げていない。

「なぜ言わないのですか」と聞くと、理恵は「相手にも家庭があるんです。迷惑をかけられない」と言った。迷惑をかけたのはその男の方ではないのですか、と私は言おうとしたが、理恵が「言わなかったことを責められている」と受け止めるかもしれないと思い、言えなかった。

理恵はすべての責任を一人で背負い込んだ。

「私の方から会いに行ってはいけない」

理恵は児相から「あなたが育てていいんですよ。育てるための手助けはします」と言われた。

心は揺れた。揺れたというより「揺らされた」と感じた。

「子どもを手放すと決めたのに……。早く養親のもとに行ってほしいのに、時間がたてば離れたくない気持ちがどうしても出てきます。手助けすると言われても、その後の責任を児相が持ってくれるわけでもありません。育てるかどうか、一瞬では決められないんです」

児相の職員は理恵に育てる力があると見た。だから「育てていい」と言ったのだろう。

しかし、結果として理恵は児相に対して、さらに不信感を持つことになってしまった。児相もまた、赤ちゃんポストに子どもを入れた親への対応は慣れていなかったのだろう。

「子どもを手放すと決めても、本当につらかったです。寂しかったです」と振り返る。

娘は生後6カ月で養親に預けられ、今は別の養親のもとで育っている。

「一貫して同じ人に育てられていないことが気掛かりです。手放した今は祈ることしかできません。幸せになってほしいと祈っています。今の養親さんはとてもしっかりした方だと聞いて安心しています」

娘は、先に養子となったきょうだいとともに暮らしている。養親は「元気に大きくなっています」「上の子のまねばかりしています」と話しているという。そんな話を伝え聞くと、「とてもうれしい」と理恵は言う。

「会いたいですか」と聞くと、うなずいた後、表情を曇らせた。

「会いたい気持ちはもちろんありますが、養親との関係を考えると、私の方から会いに行ってはいけないと分かっています。娘が成長して、私に会いたいと望んでくれるなら、会いたいと思います。もし、望んでくれるなら」

最初の子どもを養親に託した理恵はその後、夫と別れ、別の男性と再婚した。子どもを産んだことがあると告げ、受け入れてもらった。新しい夫との間に2児を授かった。

「今度はちゃんと妊婦健診に行きました。赤ちゃんの頭の位置を確認したりするんですね。健診に行って初めて、自分がしたことの重大さに気づきました。健診を受けないことは、とても危険だったと思い知ったんです」

妊婦には妊娠高血圧症候群や妊娠糖尿病などのリスクを伴う場合があり、健診で血圧や血液の異常がないかを調べる。さらに胎児の発育の状態はどうか、早産の兆候がないかを医師が診察し、異変があれば絶対安静で入院することもある。

逆子や、胎盤が子宮の出口にかかる前置胎盤の場合、帝王切開となることが多い。

理恵の２回目の妊娠では、子どもの頭は横向きの「横位」だったため、帝王切開した。

「２人目も無事に産めるものだと思っていましたが、帝王切開しなければ無事に産めないと分かりました。健診も受けなかったのに、最初の子が生きていたことは奇跡でした。自分の命も落としかねない、とても危ないことでした」

理恵自身、複雑な家族構成だ。「弟」と20歳の年の開きがある。「弟」と呼んでいるが、血縁的にはおいに当たる。

妹が高校生のときに産んだ子どもという。妹は妻子ある男性の子を妊娠し、周囲に知られないよう他県の病院で出産した。その子は、祖父母に当たる父母が養子縁組して育てた。

「うちの母が偉いなあと思うのは、弟に対してうそをつかなかったことです。４歳のときに真実を告知しています」

「弟さんは何と言っているんですか」と聞いた。

「ケロッとしています。『ママは不倫だったんだよね』と言っています。なぜ祖父母に育てられたか分かって、本人は納得しています。うそをつかなかったことが良かったんだと思います。事情が分かると本人も安心できますね」

助けを求めていい

理恵と、慈恵病院の新しい赤ちゃんポストを見に行った。

扉の横には相談を呼び掛けるメッセージとインターホン、複数の相談窓口の電話番号が書かれたカードも置いてある。理恵は言った。

「あのときもインターホンなどあったのでしょうね。でも全然目に入りませんでした。ゆりかごに置くことだけを考えていましたから」

「今、ゆりかごに子どもを預けようと考えている人に、どんなことを言いたいですか」と聞いた。

「とにかく誰かに相談してください。一人で考えても何も始まりません。絶対、助けてくれる人はいます。怒られたり、責められたりすることもありません。だから相談してください、と言いたいです。今思えば、人ってこんなに助けてくれるんだって。助けを求めていいんだって。自分から求めさえすれば助けてくれる人がいるんだと知りました。バカなことをしてしまったことを人に言いたくない気持ちがあるんですけど、それを取っ払ってしまえば、絶対受け入れてくれる人がいるよって、言いたいです。あのころの私にも、そう言いたいです」

事実を打ち明けたら「怒られる」という恐怖があったが、実際それで理恵を怒ったり、責めたりした人は一人もいなかったという。

赤ちゃんポストの抑止力について検証したいと、章の冒頭に述べた。だが、ポストの設置が、虐待や遺棄の防止に寄与したかどうかは、数字だけでは分からなかった。実際の遺棄事件を深掘りしても、やはり個別事案から全体を照らす試みには限界があった。

だから正直にいえば、抑止力については分からない。

一方で、そのための取材で見えてきたのは、赤ちゃんポストを利用した女性たちが抱いていた圧倒的な孤独感である。

本来、虐待や遺棄の抑止力として期待しなければならないのは、周囲の人や環境であるべきだ。それをポストに担わせたいと人びとが願うのは、それだけ社会が疲弊しているということだろうか。

「助けを求めていい」という理恵の言葉を、反芻しながら私はそんなことを考えた。

第6章　世界のポスト

殺意の有無

これまで赤ちゃんポストへの疑問を指摘してきたが、賛成派の研究者にも話を聞いてみたい。千葉経済大短大部准教授の柏《かしわ》木《ぎ》恭典《やすのり》は、賛成派の一人である。

柏木は、赤ちゃんポストシンポジウム（前述）計画を発表した際の記者会見に蓮田太二らとともに同席し、こう訴えた。

「関東地方で赤ちゃんの遺棄事件がありました。自宅で出産した赤ちゃんを殺して川に遺棄し、逮捕された女性に刑務所で面会しました。熊本に赤ちゃんポストがあることを知らなかったのかと聞いたら、知っていたと答えました。なぜ連れて行かなかったのかと聞くと、お金がなかったと言うのです。貧しくて熊本まで行けない人もいます。各都道府県に一つずつは赤ちゃんポストを設置することが必要なのではないでしょうか」

少し立ち止まって考えてみたい。

赤ちゃんを産めば、生活のやり繰りが厳しくなることは理解できる。だからといって「殺す」という選択肢が彼女の頭に浮かぶには、どのような背景があるだろう。

女性が妊娠を隠したかった可能性はあるが、殺してしまったために逮捕され、家族にも知人にも知られてしまった。実名報道の対象にもなる。隠したいという気持ちは裏目に出た。しかも妊娠していたことだけではなく、犯罪者になったことも知られてしまった。

改めて思うのは、彼女は考えた上で行動したわけではなさそうということである。

殺人事件では「ついカッとなって刺してしまった。殺すつもりはなかった」「腹が立って殴ったが、死ぬとは思わなかった」など、無計画で衝動的なケースが多い。人を殺しているからといって、殺意があるとは限らない。裁判では殺意の有無について、常に争点になる。

この女性が「お金がなかったから殺した」と言ったとしても、本当に殺そうと考えたのかまでは分からない。

私は、女性に殺意はなかったと考える。殺すつもりはなく、うっかり死なせてしまった可能性があるのではないだろうか。果たしてそうした女性がお金を持っていたとして、熊本まで来たのかは分からない。ましてや近くに同様の施設があったとして、それを利用するのだろうか。

こうした疑問について柏木に聞こうと2019年10月、千葉市の千葉経済大短大部を訪ねた。「赤ちゃんを遺棄していても、殺意があるとは限らないと思うんですけど」と聞くと、柏木は「ケースバイケースですね。データはないでしょう」と答えた。

その通りだ。データはない。

ただし、データだけで赤ちゃんポストの是非を判断することはできない、とも柏木は考えている。世界の例でいえば、ポストは突然、設立されたわけではない。そこに至るまでの歴史がある。

「ドイツでは以前から、匿名出産が行われていました」

ドイツ語に堪能な柏木は、ドイツや世界の事情について詳しかった。

ドイツの歩み

ドイツは赤ちゃんポスト設置にあたって、独自の歴史的背景を持っている。

ドイツの赤ちゃんポストは「ベビークラッペ」と呼ばれている。「ベビー」は赤ちゃん、「クラッペ」は開閉式のふたや扉を意味する。

ドイツで最初にベビークラッペを設置した幼稚園は、民間の教育団体「シュテルニパルク」が運営する。ベビークラッペは１９９９年12月に考案され、２０００年４月に設置された。

柏木は著書『赤ちゃんポストと緊急下の女性―未完の母子救済プロジェクト―』の中で、シュテルニパルクに勤務する犯罪学者の女性が「シュテルニパルクは緑の党に似た思想をもつ」との言葉を紹介する。野党・緑の党は、環境保護を訴えるリベラル派とされている。この女性は緑の党に所属し、「赤ちゃんポスト論は、保守政党ＣＤＵ（キリスト教民主同盟）と緑の党の対立を暗に含んだものであり、政治学的視点を強く持っている」と指摘した。

最大与党・ＣＤＵに所属し、家族相を務めたクリスティナ・シュレーダーは、赤ちゃんポストの廃止を訴えているという。

同書では、シュテルニパルクを「キリスト教的博愛主義ではなく、隣人愛でもなく、『社会参加』や『草の根』といった思想とその実現に向けた社会的・政治的運動である」と記す。シュテルニパルクそのものにキリスト教の背景はないが、その後ドイツで赤ちゃんポストを広めたのはキリスト教関係者が多い。

柏木はシュテルニパルクについて「国家に対して批判的で、国家に頼らず自律した教育をします。自律性という概念がポストの中核にあり、市民が担っています」と解説する。

シュテルニパルクは2000年から08年にかけてベビークラッペを3カ所設置した。柏木と蓮田の共著『名前のない母子をみつめて―日本のこうのとりのゆりかご　ドイツの赤ちゃんポスト―』によれば、00年から14年末までに3カ所で預けられた赤ちゃんは46人。親が不明のまま養子縁組したのは59％、親が判明した上で養子縁組したのは9％、匿名を破棄して母親が取り戻した子どもが30％、発見時に死亡していたケースが2％だった。

柏木は「注目すべきは、およそ3人にひとりの赤ちゃんがその後実母の下に戻っている」として、シュテルニパルク代表の女性のこんな発言を紹介している。

「緊急下の女性たちは、一時的にパニックに陥っているだけなのです。一度、赤ちゃんを預けた後に、冷静さを取り戻し、状況が改善しさえすれば、彼女たちは私たちに連絡を入れてきます。そのために、私たちは新聞に記事を載せて、母親たちに呼びかけています」

ドイツでは実にオープンだ。

匿名を掲げているが、それは「警察には通報しない」ことだという。一時的に預かることが目的なのだ。

ドイツは母親に呼び掛け、親が分かった場合、希望すれば戻している。預け入れを「隠すわけではありません」という言葉も紹介されている。

シュテルニパルクが設置して以降、ベビークラッペはドイツ全土に広まり、１００カ所を超えるようになった。オーストリアやスイスにも広まった。

なお、熊本市の慈恵病院の赤ちゃんポストはドイツをモデルにしたものの、その後の運用はドイツと大きく異なっている。

慈恵病院の赤ちゃんポストに置かれた子どもは戸籍法上、「棄児（捨て子）」と位置付けられるため、熊本市と警察に通報する。あとから親が名乗り出ることは想定されていない。

情報公開という点でも大きく違う。熊本市は年に1回、人数を公表する。いつ、どんな子どもが預けられたのかという情報は徹底的に秘匿されている。「ママ、連絡して」と呼び掛けることもない。

韓国では2009年にスタート

柏木によると、赤ちゃんポストに類似する施設は少なくとも世界10カ国以上にある。中でもパキスタンには1970年代以降、360カ所あるという。インドや南アフリカ共和国にも設置されている。

「ふたがついていて、新生児の安全のため温度管理されているのはドイツが初めてでしょう」と柏木は説明する。ドイツをモデルに安全性の高い赤ちゃんポストが周辺諸国にも広がった。

イタリアでは「命のベビーベッド」と名付けられた赤ちゃんポストが病院にあり、非合法だが容認されているという。

オーストリアでは2000年に設置。10年から15年の間に22人が預けられた。スイスでは8カ所、ハンガリーに26カ所、ポーランドでは60カ所、チェコは69カ所ある。

一方、イギリスやオランダには存在しないという。フランスにも存在しないが、匿名で出産できる。スペインでは匿名出産は禁止され、赤ちゃんポストもない。

中国では11年に「嬰児安全島」という赤ちゃんポストが設置されたが、赤ちゃんのほとんどに障害や病気があったという。韓国では09年にスタートした。柏木の話は後述するとして、隣国の実態をまず報告したい。

韓国の赤ちゃんポストについての講演が２０１６年2月、熊本市の慈恵病院であり、私も取材した。韓国出身で埼玉県立大講師の姜恩和《カンウナ》が話した（以降の「　」内はすべて講演内の発言である）。

姜によると、初の赤ちゃんポストは２００９年、ソウル市内の教会に初めて設置された。「子どもが教会の前に置かれたことがありました。子どもの遺棄事件に心を痛めた牧師が設置しました」

預けられた場合、警察に通報し、児童福祉センターが一時保護する。国家運営の施設を経て養子縁組につなぐ。

韓国でも「子どもの命を守るために、匿名性が保たれた施設が必要だ」という賛成意見と、「出自を知る権利が保障されない。赤ちゃんポストがあることが知られると、子どもの遺棄が助長される」との反対意見が交わされたという。

ポストに預けられた子どもは10年に４人だったが、14年には計２９２人と激増する。14年に2カ所目が京畿道にある教会が開設したこともあるが、大きな要因は「12年に施行された養子縁組特例法がある」と姜は指摘した。

「韓国では養子を実子として出生届を出すことが黙認されてきました。それでは出自を知る権利が保障されないため、出産した医療機関で出生を登録する制度が導入されました」

特例法では、養子縁組を家庭裁判所の許可制とし、実母が子どもを手放すかどうか熟慮するための期間を７日間置くとした。

これによって出生届を出さなければ養子縁組ができなくなり、その逃げ道として赤ちゃんポストに預けられるケースが増えたという。

出自を知る権利を政府が重視した背景には、朝鮮戦争後に発生した多くの孤児対策として、海外へ養子として送っていたことがある。１９８０年代をピークに、約16万人がヨーロッパやアメリカに渡ったという。

「その子どもたちが成人し、毎年約３０００人が自分のルーツを捜しに韓国に来ています。見た目は韓国人なのに韓国語を話せず、親を捜したいとテレビで訴える姿に韓国の市民は衝撃を受けました。情報が限られ、ルーツ捜しに時間がかかり、苦労しています」

２０１３年には海外養子縁組の当事者の一人が「行政が赤ちゃんポスト運営を黙認しているのは、児童福祉法違反だ」として、国家人権委員会に申し立てた。人権委員会は「撤去できる法的根拠はなく、預けられた子どもは児童福祉法に基づく保護措置を受けるため、人権侵害とはいえない」として棄却したという。

同じ13年には一人の研究者が「社会的に孤立した出産を前提としており、妊娠した女性に相談と支援サービスを提供できない」として、赤ちゃんポストに反対する論文を公表した。赤ちゃんポストが社会的に認知されているとは言い難いが、少なくとも賛否について議論はされているようだ。

ちなみに韓国では未婚で妊娠した女性が宿泊できる施設があり、医療サービスを提供するだけではなく、職業訓練など自立した生活を送るための支援も受けられる。姜は「養子縁組制度や赤ちゃんポストの是非にとどまらず、シングルマザーをどう支援するかを考える必要があります」と話す。

フランス発祥の匿名出産

赤ちゃんポストは「妊娠を知られたくない」女性が利用するとされるが、世界の流れとしては医療の介助を受けない出産が危険だとして問題視される傾向にある。

これに対して、名前を明かさずに医療サービスを受けられる「匿名出産」が欧州では行われている。フランスが発祥とされる。２００２年1月30日付朝日新聞はこう伝えている。

フランスの匿名出産は、大革命（１７８９年）前から、捨て子や子殺しを予防する手段として定着していた。20世紀に入って法的に整備されたが、出自を知る権利を求める子供たちの運動に押され、今月、生みの親の情報を知りやすくする形に法改正された。（中略）

従来は何の手がかりも残っていないことが多かった。今回の法改正で、母親は名前を明かすよう求められる。公的な機関はそれを秘密として管理。子供から求められた場合のみ、母親の承諾を得たうえで知らせる。

記事には、匿名出産で生まれた30歳の女性のインタビューもある。見出しは「実母に会い、かつてない安ど感」である。

5歳まで施設で育ち、養子になった。すばらしい養父母で、私の気持ちをよくわかってくれた。だけど、17歳のころ、匿名出産の子供によくあるように精神的に不安定になった。

母親がほしかったわけではない。自分に欠けている小さな輪を捜し続けていた。でなければ自分が解放されないような気持ちだった。実母に謝ってほしかったのでもない。ただ、私の存在を認めてほしかった。

結婚し、2児の母になってかなり救われたと思う。それでも、どうしても出自を知りたくて10年ほど前から調べ続けた。わずかな資料にあった母親のファーストネームを手がかりに、生まれた病院の町の電話帳に載っていた同名の女性に片っ端から電話したこともある。

とうとう昨年、病院に残っていた書類を見つけだし、そのデータから母を突き止めた。その町に住んでいた彼女を訪ねていって、あなたの娘だと伝えた。だが彼女は、私を家には入れようとせず、再び会うのも嫌がった。そのときに知った私の実の姉によると、私の出産には聞くのもつらい事情があったことがわかった。彼女は今の夫にもそれを隠しているらしい。

それでも、私はかつてないほどの安ど感を感じている。真実を知ることはそれほど重要なのだ。

匿名出産はドイツでも行われている。大阪薬科大教授の阪本恭子（医療生命倫理、哲学）は「戦時中、敵国兵士の子どもを身ごもった女性たちのために、名前を問わず出産の介助をしていました。匿名出産は制度化されていませんが、社会の中で暗黙の了解がありました」と話す。

中世に戻った？

ドイツの赤ちゃんポストに話を戻す。２０００年、最初の赤ちゃんポストが設置されたとき、阪本はドイツ留学中だった。

「ドイツでもマスコミにわっと取り上げられました。子どもを『捨てる』という感覚で、否定的な見方が多かったです。困った女性の救済策の一つという位置付けですが、子どもが捨てられるとして、問題視する報道が多かったのを覚えています」

「中世に戻ったのか」という論調の報道もあったという。中世のヨーロッパで、教会などに新生児を預ける「ルオータ」という回転扉が設置されていたことを引き合いに出していた。

07年3月9日付の熊日に掲載された共同通信の配信記事によると、ルオータとはイタリア語で、車輪など回転するものを指す。親が顔を見せずに赤ちゃんを預けられる仕組みだ。１１８８年、フランス・マルセイユの病院に初めて設けられたと伝えられる。

ルオータは16世紀後半、爆発的に増える。宗教改革に反発したカトリック教会が婚外子を違法とし、妻以外の女性に子どもを産ませた貴族などが子どもを捨てたためという。しかしイタリアでは１９２３年、独裁者ムソリーニが廃止する。ほかの地域でも徐々になくなった。

当時の日本語訳は「捨て子ボックス」「捨て子ポスト」だった。阪本は「日本にできるとは思っていませんでした」と率直に話す。

ドイツでも「命の救済」を訴える賛成派と、「出自を知る権利がない」とする反対派との間で、論争が続いた。

問題となったのは子どもの匿名での委託に関する法律がないことだった。子どもを置き去りにすることはドイツでも原則は犯罪だ。赤ちゃんポストの運営団体が地元警察と話し合って「捜査をしない」という合意を取り付けているケースもあったという。

とはいえ、法的にはグレーゾーンである。２０００年代には法的側面から赤ちゃんポストを疑問視する研究が多く発表され、激論が交わされた。合法化しようとする法案が審議されたが、「捨て子が当たり前になる」などの世論の反発もあり、審議はストップし、成立には至らなかった。

２００８年に転機が訪れる。法的に決着をつけようと、政府の諮問機関、ドイツ倫理審議会が同年6月に検証を始めた。法律、憲法、国際法、倫理、医学などの研究者のほか、弁護士や心理学者、宗教団体の代表など26人の委員が公開討論や連邦議会への質疑などを通して1年半かけて審議し、09年11月に見解を発表した。

熊本大文学部准教授のトビアス・バウアーらの研究グループは、その見解を日本語に訳して公開している。一部を抜粋する。

匿名による子供の委託の諸制度の利用に関するこれまでの経験上のデータ、および自らの子供を殺害または遺棄した女性たちに関する犯罪学的・科学的な知見では、この間10年にわたる経験からして、この諸制度の有効性を確証するに至っていない。逆に、こうしたデータとか知見から容易に考えられるのは、自らの新生児を殺害あるいは遺棄する危険のある女性たちは、これらの諸制度を利用しないということである。（中略）匿名を保証して新生児の預け入れ場所を設置するのは、新たに生まれ出た人間の基本的な権利を侵害するということである。（中略）もし匿名による子どもの委託の可能性が存在しなかったとすれば、母親が子供を殺害してしまっただろうと推定させるに足る事例は、これまでのところ一件も知られていない。（中略）新生児の遺棄および殺害の回避は否定されたものと見なさざるを得ない。

初めてこの報告書を読んだとき、しばらくその場から動くことができなかった。既にドイツでは政府の諮問機関より懐疑的な評価がなされていたのだ。ドイツには「赤ちゃんポストがあった」というだけで、「ポストがあれば命を救える」という根拠はなかった。

ただ、倫理審議会の見解には、赤ちゃんポストを容認する６人の委員の少数意見も添えられている。「正規の支援提供では手の届かない、少なからぬ数の両親や女性たちが明らかに存在する」「（子どもが）救われることは排除できず、（中略）この可能性は、法的根拠はなくても、最後の手段として大目に見られてよい」とした。主にキリスト教関係者という。

倫理審議会は「廃止」勧告

バウアーが日本語訳を公開したのは２０１４年だった。私はドイツの現状を教えてもらおうと、17年に研究室を訪ねた。バウアーは物腰が柔らかで、日本語の漢字にも精通している。

「熊本にいるドイツ人として、赤ちゃんポストをめぐるドイツの議論を日本に伝えるのは私の役割だと考えています」とバウアーは言う。

「ドイツでは、赤ちゃんポストは遺棄防止にはならないということになりました。妊娠に気づかないまま出産した女性は冷静な判断ができません。ポストがあることを知っていても、パニックになって子どもを殺してしまうことがあると心理学者が指摘しています」

見解を読むと、障害児が入れられたこと、既に「赤ちゃん」ではない子どもが置かれたこと、遺体が置かれたこと、母親ではない第三者が置きに来たことなど、ドイツと熊本では驚くほど同じことが起きていた。「女性が氏名を明かそうとしない場合でも、援助の手が差し伸べられるべきだ」として、匿名の人にも出産の介助が必要だとする一方、出産後に「医師や介助者は生命の危機を脱した女性に対して、少なくとも子供の出自を知るために不可欠のデータを知らせるように説得する道義的責任がある」とも指摘している。

見解では、親の責任にも触れている。

> 自分の子供を受け入れ、自分がその子の親であると公言することは、親としての第一の責務である。（中略）赤ちゃんポストは、匿名という隠れ蓑に逃げ込む両親による権利侵害を助長し、こうしたものは、一度利用されると、繰り返しや模倣を誘発することになりかねず、それは、一見正常と思われる行動の選択を提供することによって、基本的に望ましくないシグナルを与えてしまう。

国の責任については、「人々が自らの出自を知らぬままでいるという危険にさらされることのないように保障してやることが、基本的な倫理的原則であると同時に、法政策上の核心的な義務と見なさなければならない」と指摘する。養子縁組については、「人間の文明の貴重で有益な一つの制度」としつつ、「いかなる社会でも最初から、それが必要とされるようなことを目論むべきではないであろう」とした。

倫理的、法的側面から検討した結果、審議会は赤ちゃんポストの「廃止」を勧告した。審議会の見解を受け、ドイツ連邦家族省はドイツ青少年研究所に赤ちゃんポストに関する全国調査を委託した。研究所は10年、行政機関である少年局591カ所と赤ちゃんポストなどの運営団体344カ所を対象にアンケートを実施した。同年5月までにポストに預けられるなど匿名で委託された子どもは973人に上ったという。

ドイツでも子どもが生まれた場合、行政機関に住民登録をする。親が匿名のままで子どもの委託を可能とする法律はないが、「両親が不明の子」として養子縁組する手続きはある。

少年局スタッフの多くに、養子縁組する前の匿名での委託が「違法ではないか」という認識があり、「現行の法律が無視されたり、あるいは自分の状況に有利に解釈されたりしている」と答えたという。

調査報告書は、少年局スタッフにとって「法的状況と矛盾して諸取り組みを黙認することは、日常業務において障害となっている」とした。

以上を踏まえると、ドイツの赤ちゃんポストに法的な裏付けはないが、黙認されているというのが現状のようだ。

赤ちゃんポストを問題視しているのはドイツだけではない。子どもの権利条約総合研究所運営委員などを務める翻訳家の平野裕二は、「国連子どもの権利委員会は、親を知る手掛かりが残る内密出産（後述）は最後の手段として認める余地を残しながらも、完全匿名の赤ちゃんポストは子どもの権利条約違反だと明言しています」と言う。

特に違反と指摘しているのが第7条だ。「出生の後直ちに登録される」「できる限りその父母を知りかつその父母によって養育される権利を有する」と規定している。

同委員会の報告・審査を長く傍聴している平野は、委員会の所見などを日本語に訳して公開している。それによると、委員会はドイツ、ポーランド、バチカンなどに対してこのような趣旨の勧告を出してきた。

「委員会は、赤ちゃんポストが規制されておらず、かつ使用され続けていることを遺憾に思うものである。委員会は、締結国に対し、匿名で子どもを遺棄する慣行を終了させるために必要なあらゆる措置をとり、かつ、可能なかぎり早期に代替的選択肢を強化しかつ促進するよう、強く促す」

条約は日本も批准している。平野は「赤ちゃんポストに関して母親を知る権利が問題にされていますが、父親を知る権利を実効的に保障しようという議論はほとんどありません。赤ちゃんポストへの賛否とは別に、まずは父親による認知の原則義務化、父子関係の確立への公的関与の強化について議論することが必要だと思います」と指摘する。

「内密出産」を提言

ドイツ倫理審議会は赤ちゃんポストの「廃止」を勧告した。その代わりに提言したのが、「内密出産」制度である。グレーゾーンで運用される匿名出産は親の手がかりが残らないこともあるが、内密出産は法律で制度化し、手がかりを残すことが特徴だ。

相談機関には実名を明かし、医療機関では匿名で出産する。出産費用は国が持ち、生まれた子どもにはドイツ国籍が与えられる制度だ。女性への安全な医療提供と、子どもの出自を知る権利を両立させようという試みだ。

ドイツでは法律を整備して、２０１４年に導入した。予期せぬ妊娠に悩む女性はまず、全土に１７００カ所ほどある妊娠に関する相談窓口に電話する。相談機関では子どもを育てるための支援の提供を知らせるが、それでもどうしても匿名を放棄できない人に限って内密出産となる。

女性は自分が呼ばれたい仮の名前と、子どもの名前を考える。相談機関は女性の実名や住所などの情報が書かれた書類を封印して、公的機関で預かる。

その上で「仮の名前」で医療機関に連絡し、医療の介助を受けて出産する。子どもは実母が考えた名前が付けられ、養子縁組の手続きが取られる。

生まれた子どもが16歳になれば、子どもは母親の情報を知ることができる。このとき、母親が情報の開示を拒んだ場合、家庭裁判所が開示をするかどうか、決定する。

厚労省の研究事業として、民間の調査会社が２０２０年3月にまとめた「妊娠を他者に知られたくない女性に対する海外の法・制度が各国の社会に生じた効果に関する調査研究報告書」によると、ドイツでは19年12月までに内密出産による６６１人の出自証明書が受理されている。内密出産制度で「支援を求める女性に支援が届いていることを示していると、連邦家族省は肯定的に評価している」とする。

内密出産のカウンセリング件数は、14年5月から18年12月までに２２４９件に上る。その結果、「子どもと暮らすことを選択」した女性が24・2％、「通常の養子縁組を選択」13・7％、実際に内密出産したのは21・8％だった。

赤ちゃんポストなど匿名での子どもの委託に関しては、政府機関が正確な数字を把握することができていないため、養子縁組の統計にある「両親が不明の子ども」の数字を基に、00年の46件から13年には１４７件と3倍に増加したと推定する。内密出産制度が導入された14年から16年は「わずかに増加しているものの、13年までの増加率と比較した際に上昇に歯止めがかかっていると見ることができる」と分析し、「医療機関のサポートを受けて出産する女性の割合が増加していることを意味し、肯定的に評価できる」とした。

一方、内密出産制度を利用して生まれた子どもの数は14年71人、15年92人、16年１２７人、17年１２０人、18年１２６人、19年１２５人と推移し、「匿名による子どもの委託と内密出産の件数の合計値は増加傾向にある」として、こう記す。

> 制度の導入がなければ匿名での子どもの委託に至っていたかもしれない層が内密出産に移行している、又は内密出産という制度ができたことによって以前であれば自分で養育することができたであろう層が内密出産という形で子どもを委託するようになったと捉えることもできる。このことから、内密出産制度が結果として新たな需要を生み出しているという批判もあり、内密出産制度に対する評価は分かれている。

バウアーも「ドイツの現状で言えば、赤ちゃんポスト同様、制度があるから利用者がいるという側面もあります。孤立出産する人の利用を想定していたが、制度がなければ医療機関で通常の出産をしていただろう女性も、内密出産をしています。孤立出産や子どもの遺棄を完全に防げてはおらず、ポストの代替策となっていると言える状況ではありません」と話す。

内密出産を「切り札」ととらえるのは早そうだ。内密出産法は、妊娠相談について「妊婦が匿名を放棄できるようにする方法、または、子どもとの生活を可能とする方法を目指す」とされている。

匿名を守るのではなく、放棄させるのが狙いなのだ。それでも匿名を放棄させることができなかった場合に限り、内密出産の相談に応じる。

あくまで「最後の手段」としての位置付けだ。

大阪薬科大の阪本恭子は内密出産制度について、「相談態勢と支援の強化が特徴」と解説する。

「ドイツでは相談員の養成のために、時間とお金をかけました。内密出産をしたい人には、相談することを義務づけ、育てられない事情を説明してもらいます。24時間年中無休で、しかも多言語で対応します。匿名を守るためではなく、子どもを育てるための支援をします」

あらゆる支援策を提供しても、それでも育てられない場合、養子縁組となる。

「ドイツでは子どもを育てるための支援策を充実させました。民間のＮＰＯなどが手厚い支援をしています。これほどの支援策があるのに、それでも子どもを手放すのなら、それもあり、という考え方です」

制度に目を奪われがちだが、こうした草の根のセーフティネットが豊かなこともドイツの特徴といえる。

「制度化が重要だとは思わない」

内密出産制度が導入された今も、ドイツで赤ちゃんポストは存在している。こうした現状を踏まえた上で再び、賛成派の千葉経済大短大部准教授の柏木恭典のインタビューに戻ろう。

柏木は私が書いた記事を読んでいるようで、「赤ちゃんポストを批判しても意味がないでしょう」とまず言った。そして続ける。

「中絶も広く行われている日本の現状を見るにつけ、社会は女性と子どもたちのことを大切にしているのか、という点がまず疑問なんですね。少子化の背景には、母子支援の乏しさがあると思います。小さなポストを批判するより、もっと全体を見て、母子支援をどうしていくかを考えることが必要なのではないでしょうか」

　赤ちゃんポストを通して、母子支援をどう充実させていくかという指摘はとても重要だと思った。柏木とこんなやりとりをした。

――日独共通だと思いますが、赤ちゃんポストの実際の利用のされ方を見ると、障害児が預けられるなど設置者の善意を悪用するような形もあります。

「それは赤ちゃんポストの問題ではありません。赤ちゃんポストは正義、不正義は問いません。匿名だから問うてはいけないということになっています」

　善悪の判断はせず、子どもを受け入れる。シュテルニパルクでも障害児が預けられたことがあり、大きくなるまで育てたという。

　続いて、私が「ドイツでは預けられた子どもの写真が新聞に載っていますね」と問いかけると、柏木はうなずきながらドイツの新聞を見せてくれた。「こんなおひさまが赤ちゃんポストにいた」という見出しで赤ちゃん2人の笑顔の写真や、いったん預けたものの後から引き取った母親が赤ちゃんを抱っこしている写真が掲載されていた。

――熊本の福祉の人たちは、預ける親について赤ちゃんポストがなければ殺していた人たちではないと言っています。命を救うという意味で役に立っているのか、根本的な疑問があるんですけど。

こう問うと、柏木は「子どもはいるの？」と返す。私は「2人います」と答えた。

「子どもを捨てるなんて考えたことはないでしょう」

――はい。ありません。

「でも考える女性がいるということは、育てられない理由があるわけです。理由は言えないかもしれません。赤ちゃんポストがなければ育てていたでしょうというのは、乳児院がなければ育てていたでしょう、という理屈と同じになってしまい、それこそ暴力になりかねません。育てないという権利があってもいいと思います。子どもにとって安心できる環境が必要です。施設で育っても、養親のもとで育っても、すべての子どもが愛情のある場所で育つことが大切です」

この柏木の言葉に関しては、私も思わずうなずいた。施設や養親のもとで育つことを、もっと肯定的に捉える視点も必要だと思った。

――ドイツは今、どんな状況なのでしょうか。

「内密出産は制度化されましたが、赤ちゃんポストは明記されず、グレーゾーンのままです。制度化することが重要だとは思いません。もともとあいまいなものであり、あいまいなままでいいのでしょう。国家的には黙認されている状態です。容認ではなく、黙認です」

――その後、動きはありますか。

「次に動きが出てくるとすれば、内密出産制度ができた2014年に生まれた子どもが16歳になる30年でしょう。子どもが母親の情報を知りたいと言うのかどうか、母親がどうするかが注目されます」

柏木は私が赤ちゃんポストについて疑問を投げかけていることについて批判したが、とても丁寧に赤ちゃんポストをめぐる状況を説明してくれた。最後にこう言った。

「私は福祉の世界で一匹狼的な存在ですけど、森本さんもマスコミ界では一匹狼でしょう。そういう意味ではスタンスは違っても同志だと思っています」

柏木と私は、考え方やスタンスが違う。しかし、そうした相手であっても、尊重することによって意見を交換できることが新鮮だった。今までのポストの議論は、賛成か反対かによって平行線をたどることがほとんどだった。柏木と話しているうちに、賛成派にせよ、反対派にせよ、目指すべきなのは「母子を大切にする」という共通の場所だと思った。

第7章　理事長との対話

健康保険に入れない

日本の赤ちゃんポストはドイツをモデルにしたものだ。だが、前章でみたように、ドイツのポストを取り巻く環境は、日本とは大きく違う。

ドイツでは匿名での子どもの委託が認められているわけではないが、黙認されているのが現状だと述べた。日本では戸籍への登録を黙認できない。戸籍法によって、出産から2週間以内に出生届を市町村に提出し、戸籍に名前を記載する必要がある。

ドイツでは、子どもの養子縁組手続きをするまでに8週間の猶予が認められている。ポストに預けたもののその間に翻意し、赤ちゃんを取り戻しにくる母親もいる。ドイツのポストは、緊急下の出産で生まれた子どもを一時的に預かる施設と見ることもできる。「匿名」というのは、「警察に通報しない」ことを意味するに過ぎないという。また、国家としてポストの検証もなされてきた。

一方、棄児の戸籍登録に警察が関与する日本では、赤ちゃんポストをグレーゾーンで運用できない。慈恵病院のように信念を持った病院経営者が、法的なバックアップがないなか、独自に運用するしかない。

しかし、人の命が関わるだけに、一民間病院が進めるには危険もある。日本で赤ちゃんポストの検証をする専門部会は、要保護児童対策地域協議会（要対協）の中に、熊本市が設置している。

要対協は児童福祉法に基づき運営され、関係者の情報交換などを目的としている。県の検証会議と専門部会はこれまで計5回、匿名性などに対して疑問を呈する検証報告書を出しているが、病院側はその提言を反映しているようには見えない。そもそも熊本市が独自に設置した専門部会には法的拘束力はない。

ここまで述べれば、私がどうして赤ちゃんポストに不安を抱くかといった点も見えてくる。法律というルールがなく、預けられた子どもたちの出自は分からず、検証報告書の意見が反映される仕組みもないからだ。

逆にいえば、こうした点を解消できれば、赤ちゃんポストを前向きに検討できるということでもある。

慈恵病院理事長・蓮田太二へのインタビューが叶ったのは、私がこうした考えにまだ行き着いていない時期だった。

設置10年を前にした2017年4月のことである。ドイツでポストが「新生児の遺棄および殺害の回避は否定されたものと見なさざるを得ない」という報告が出されていたことについて聞いてみたかった。私の至らぬ取材姿勢を考慮した上で読み進めてもらいたい。

その日、病院を訪ねると、女性職員が新館2階の応接室に案内してくれた。車いすを押された蓮田が入って来て、テーブルを挟んだ。黄色のワイシャツの上に白衣姿だ。蓮田はマスコミに出るときはたいてい黄色を着ている。大柄でメガネをかけ、力を込めて「命の尊さ」と訴える姿には貫禄があり、オーラもある。

職員がふたつきの湯飲みでお茶を出してくれた。職員が退出すると、蓮田と2人になった。

私は取材に応じてくれたことへの礼を述べ、まずはこの10年間の感想から聞いた。

――この10年間を振り返って、今どんなことを考えていらっしゃいますか。

「長いようですが、あっという間に過ぎました。預けられる数が減っているのが気になっています。先日も川に子どもを捨てたという事件がありました。遺棄が続くこの現状を見ると、各都道府県に一つずつあれば預けやすいだろうと思います。貧困のため来ることができない人もいますから」

穏やかな口調で話す。いつもの慈悲深そうな柔和な表情だ。

私は赤ちゃんポストに預けられた子供が、「親のことを知りたい」という意向を持っていることについて蓮田に尋ねてみた。

――ゆりかごに預けられた子どもに取材をしました。親のことを知りたいと言っています。

こう話すと、表情が変わった。

蓮田は、その子どもが親を知りたがるのは、特別養子縁組ではなく里親によって養育されているからではないか、と述べた。里親は公的機関からお金をもらうため、育て方に問題が生じるケースもあるのではないかと懸念していた。

蓮田は、「特別養子縁組で本当の子どもとして育てられれば、親子関係は密になります」との持論を展開した。

ちなみに蓮田が言う公的機関からのお金というのは、里親手当のことだ。月額8万6000円（21年度から9万円に改定）と、生活費5万～6万円などが国から支給される。特別養子縁組は実子と同等のため、特別な手当はない。

私は緊張して喉の渇きを感じ、出されたお茶のふたを取って口を付けた。

第4章で「親のことを知りたい」という子どもの声を紹介したが、その子以外にもそうした声を取材で聞いていた。私は特定の事情として質問したわけではなかった。

ただし、私が取材できたケースでは、「育て方に問題が生じている」という事実はなく、これについては否定しておかなくてはならない。

――育て方が問題ということはないと思います。愛情深く育てられています。とても良好な関係だからこそ、「親を知りたい」という正直な気持ちを話すことができると思います。福祉関係者も子どもはみな本当のことを知りたがると言っています。

「福祉関係者ということは福祉施設ということでしょうか。施設に入れるから愛着障害が出てしまうと私は考えています。家庭的な環境で子どもは育てられるべきです。出自を知りたいといっても、中には心が痛むケースもあります。子どもに教えて、幸せになるとは言い切れません。ゆりかごを始めたころ、あるシンポジウムで一人の女性が出自を知る権利はどうするんだと何度も言いましたが――」

蓮田は目を閉じ、ため息をついて続けた。

「出自より命が大切でしょう。幸せに暮らしていれば出自にこだわらないはずです」

——家庭的な環境で育てられることが大切だと、施設も児相も言っています。ただ、匿名で預けると親の同意がないため、特別養子縁組が進みにくい現状があります。法律では実親の同意を求めています。

「では法律を変えればいいではないですか」

——先生のお考えとしては、法律を変えればいいということですね。お考えは分かりました。現状では子どもは健康保険にも入れませんからね。

「んっ？　子どもは、保険に入れない⁉」

蓮田は驚いた表情を見せた。胸ポケットから慌てて携帯電話を取りだし、「ちょっと来て」と話すと、女性職員が部屋に入ってきた。

「記者さんが、ゆりかごの子どもは健康保険に入れないと言っているけど、それは本当なの」と聞いた。職員は答えられず、「調べてきます」と言って部屋を出て行った。

蓮田は「就籍（親が分からない子どもの一人戸籍をつくる）した子どもが、何とかして保険に入れる方法はないのだろうか。保険に入れないとは……」と頭を抱えた。

そこで私は、蓮田にこう言った。

——先生、ご心配でしょうが、保険がないからといって、子どもが医療を受けられないことはありません。熊本市が医療費を負担して適切な医療は受けさせています。

蓮田は首を振った。「いや、保険は大切です。入ることができる方法はないものだろうか」と繰り返した。

私にとって驚きだったのは、蓮田が知らなかったことだけではない。

この10年間、報道各社は赤ちゃんポストを取材してきた。記者は何十人もいたはずだ。在京メディアもやってくる。デスクなども合わせれば、報道に携わった人は百人単位でいるはずだ。その中で、子どもが健康保険に入れないことを指摘した人は、一人もいなかったということだ。

この事態をどう受け止めていいのか、戸惑った。今まで誰も指摘しなかったことを、私が言ってよかったのだろうか……という思いに駆られた。

「カネの話は不謹慎」

数週間前の出来事を思い出した。

息子をかかりつけの小児科医院に連れていくと、待合室でエプロンを着けた女性が赤ちゃんを抱っこしていた。女性は50代くらいで、赤ちゃんの扱いは慣れているようだ。母親でもなく、祖母という感じでもない。それに普通の母親や祖母は、エプロンを着けて小児科には行かない。

淡いベージュのエプロンには赤いチューリップなどのアップリケがあった。息子が通っていた保育園の保育士も同じようなエプロンをしていた。この女性は保育士なのだろうと思った。

保育園の保育士は、預かっている子どもが熱を出したら、迎えに来るよう親に電話するが、子どもを連れて小児科には行かない。乳児院の保育士なのだろうと勝手に想像した。

赤ちゃんポストに入れられた後、施設に預けられた子どもたちも、病気になったとき、こうしてベテランの保育士が病院に連れてくるのだろう、などと思いながら窓口で息子の保険証を出した。

息子の保険証には「家族（被扶養者）」とあり、親の名前が書かれている。

ふと思った。ポストに置かれた子どもの保険証はどうなっているのだろう。

親が分からないため、扶養に入ることはできないのではないだろうか。そもそも保険証があるのだろうか。医療が必要な状態で預けられる子どももいる。医療費はだれが負担しているのだろうか。会社で「赤ちゃんポストって、お金はいくらかかっているんだろう」とつぶやくと、それを聞いた同僚の一人が言った。

「命を救っているのに、カネの話をするのって不謹慎じゃないのか」

「不謹慎」という言葉に一瞬たじろいだ。

記者たちがお金のことも保険のことも報道しないのは、それが「不謹慎」だからなのだろうか。ただ、報道するかどうかは別にして、疑問に感じたことを調べ、知っておくことは大切だ。

熊本市児童相談所に聞いた。「親が不明の子どもは健康保険に入れません。医療費は、措置費の中から熊本市が出しています」とのことだった。

措置費とは、子どもの福祉に必要な経費のことで、児童福祉法に基づいている。親がいる子どもが福祉施設に入所した場合、医療費は保険が7割（未就学児は8割）をカバーし、残る自己負担分の3割（同2割）が措置費で支払われる。かかった措置費は、所得に応じて親に一部負担を求める。

しかしポストに置かれた子どもたちは、国民皆保険を誇るこの国で無保険となるのだ。医療費は全額を措置費でまかなう。

身元が判明し、親が出生届を出すか、特別養子縁組が成立して新しい親の扶養に入れば、保険に入ることができる。一方、身元が分からず施設での養育が続けば、保険には入れないままとなる。

全国から子どもを預ける親はやって来るが、身元が分からない子どもの医療費は熊本市が負担しているのだ。赤ちゃんポストが必要というなら、ちゃんとした制度をつくり、負担が一自治体に偏らないようにすべきだと、なぜ誰も言わないのだろう。

　熊本市は赤ちゃんポストに預けられた子どもたちにかかった費用を計算していないが、以前管轄していた熊本県は、費用をまとめていた。

　それによると、２００７年度（子ども16人）は３４９１万円、08年度（39人）６８８４万円、09年度は9月末まで（19人）の半年間で２６４４万円がかかっている。

　2年半で合計1億３０１９万円。

　不謹慎だと言われても、お金の話は報道しなければならないと考えた。

法的検討が遅れた理由

　なぜ健康保険は、脇に置かれてしまったのか。

　ポスト設置の経緯をもう一度振り返ろう。

　蓮田は『「こうのとりのゆりかご」は問いかける』にこう書いている。

　ゆりかごを設置するとき、預けられる赤ちゃん達はドイツと同じように親が8週間名乗り出なければ、特別養子縁組に結びつけることができると筆者は考えていた。

（中略）

最初、ゆりかごを作るとき、日本の児童福祉政策を十分研究していなかったことと預けられた子ども達を筆者らで養子縁組できないということの意味を十分分からずに運営を始めたことは、大きな誤算であった。

蓮田は、ポストを設置して赤ちゃんが置かれたら、不妊で悩んでいる夫婦に育ててもらおうと考えていたという。

戸籍や保険、養子縁組についての検討が十分ではなかった。

当時、慈恵病院で看護師長をしていた下園和子は赤ちゃんポスト設置計画を報道で知ったと振り返っているが、病院内で議論された形跡も私が知る限りはない。

一部で赤ちゃんポスト計画が報じられた２００６年11月、報道各社が一斉に病院に押し掛けたところ、蓮田らは名古屋市で開かれた学会に出席しており、不在だった。

当時院長だった蓮田晶一（太二の兄、故人）は下園を呼び出し、「どういうことかね？」と説明を求めたという。ポストに関する問い合わせを受け、晶一も対応に困っていたそうだ。

詳しいことが分からないため、太二に連絡し、急遽《きゅうきょ》学会出席を切り上げて熊本に帰って来てもらったという。

蓮田太二はポストに置かれた子どもを当初、特別養子縁組で新しい家庭に迎えてもらおうと考えていたようだが、現実にはうまく進まなかった。実親が誰か分からず、その同意が得られないからだ。

特別養子縁組をする場合、民法は実親の同意を求めている。いったん実親の戸籍に入れ、家庭裁判所の審判を経て除籍し、養親の戸籍に入れる。手続きに6カ月以上かかる。

3年後、実親が名乗り出た

実際に問題になったケースがある。

赤ちゃんポストに入れられた子どもが、特別養子縁組を前提に里親のもとで暮らし始めて3年後、実親が「引き取りたい」と名乗り出たのだ。

養親は、岩田真彦、和美夫妻（いずれも仮名）。私は真彦に2019年9月、話を聞くことができた。

岩田夫妻には子どもがいなかった。ともに40歳を過ぎたある日、和美が「里親になりたい」と告げた。真彦は妻の真剣な表情を見て、「里親をする以上は全力でやろう」と決めた。

児童相談所に里親登録すると、数カ月で2歳の男の子を紹介され、特別養子縁組が成立した。

「初めての子育ては分からないことばかりでしたが、とにかく一生懸命、がむしゃらに育てました」

真彦は当時を懐かしむように穏やかな表情で振り返る。

2年後、乳児院から「もう一人、育てる気持ちはありませんか」と尋ねられた。「やる以上はとことんやろう」と決めていた真彦は、引き受けようと思った。

乳児院に行くと、1歳になったばかりの悠香（仮名）がよちよち歩きをしていた。くりくりした愛らしい目。色白の肌。真彦の第一印象は「妻に似ている」だった。職員から「赤ちゃんポストに入れられた子ども」と聞いた。「悠香」という名前は実親が付けたらしいが、実親に関する情報はなかった。

「実親が名乗り出てくるかもしれない」という不安はよぎったが、「この子にふるさとをつくってやりたい。大人になっても帰って来られる家にしたい」と考えた。

悠香は人懐っこい性格で、岩田家になじむのは早かった。兄とも仲良くなった。

「息子は優しい性格で、娘はおてんばです。お兄ちゃんは面倒見がいいので、2人は本当のきょうだいのようにいい感じなんです。2人でどろんこになってよく遊びました」

真彦は目を細める。

3年後、児相から電話がかかってきた。

「悠香ちゃんの実の親御さんが現れて、子どもを引き取りたいというんです」

激しい衝撃を受けた。電話を持つ手が、がたがたと震えた。和美に伝えると、その場で泣き崩れた。

平穏な暮らしをしてきた家族が引き裂かれるかもしれない。悠香は親とも、兄とも別れてしまうなんて——。

悠香がいない家族は想像できない。真彦はそう思った。

しかし——。

「私は当時、養育里親だったんです。里親は、実親に代わって育てますが、実親が引き取りたいと言ったら帰すのが基本です。それは十分に理解しています。児相が実親に帰すという判断をするなら、私は抵抗できません」

児相には「分かりました」と答えた上で、「娘の心の傷は大変なものになると思います」と付け加えた。

悠香の実親は関東地方に住んでいた。ほかに複数の子どもがいるが、悠香が生まれたとき父親は失業しており、経済的な理由から育てられないと考えた。父親が車に乗せて熊本まで来た。その後、生活が安定してきたので、「引き取りたい」と連絡してきたという。

児相も岩田家になじんだ悠香を引き離すと、心の傷になることを心配した。粘り強く説得を続け、実親は特別養子縁組に出すことに同意してくれた。

「実親が裁判で訴えたら、こちらが負けると思います。親権は強いですから。養子縁組に同意してくれたのは、児相が頑張ってくれたおかげです」と真彦は感謝する。

養子に出す場合、いったん実親の戸籍に入れるところから手続きは始まる。悠香は実親の戸籍に入り、住民票も移された。

悠香の姓は当初、熊本市長から付けられた。次に実親の姓となり、その後、家庭裁判所の審判を経て岩田姓になった。

姓が2回変わった。

「ルーツが分かって良かった」

実親から送られてきた戸籍謄本を見て、真彦は気づいた。悠香の下に、さらに子どもが生まれていた。真彦は言う。

「実親にとっても、あの子はどうしているだろうと、ずっと気になっていたんでしょうね。ゆりかごに子どもを置いたことに対して、罪の意識があったのでしょう。ずっと罪悪感を抱えていたと思います」

「勝手だとは思いませんでしたか」と私が聞くと、すぐに首を振った。

「いいえ。勝手だと思ったことはありません。それは全然ないです。きっと実親は悪い方ではないと思います。命を助けようと思う気持ちがあったはずです。安全な場所に置いてくれたことに、感謝しています」

真彦は「今となっては良かったんです」と力を込めて言った。

「実親が名乗り出たことに大変な衝撃を受けましたが、子どものルーツが分かったことは本当に良かった。大きくなって実親のことは知りたいはずです。そのとき、戸籍をたどって捜しにいけます。知りたくなったら『一緒に捜しに行こう』と言えることは大切ですね。養親にとっても、実親の情報があることは大事です。ゆりかごに子どもを置く人には、どうか実親の情報を残してほしいと思います」

名乗り出てくれて「良かった」と真彦は繰り返した。

血がつながっていないことを、子どもたちには伝えている。一緒にお風呂に入ったとき、2人にこう話した。

「あなたたちには3人のお母さんがいます。1人目は産んだお母さん。2人目は施設のお母さん。3人目は今のお母さん。3人もお母さんがいてよかったね」

2人とも「うん、うん」と聞いていたという。

真彦は、近所にも親戚にも2人の子どもが養子だと伝えている。

「血がつながっていようがいまいが、家族です。わが家には隠し事がありません。養親の中には自分が産んだことにしている人がいますが、養子であることを隠すより話した方が楽だと思いますよ」

実親が名乗り出たことは、児相にとっても驚きだった。職員はこう話す。

「児相も子どもは家庭的な環境で育てた方がいいと考えています。今回は実親に戻さずに済みましたが、実親が親権を主張する可能性があります。もし裁判に訴えられたとき、実親の親権が認められる可能性がないとは言い切れません。子どもにとって愛着関係を築いた養親と引き離されれば大きな打撃となります。赤ちゃんポストに入れられた子どもの場合、実親がどんな状況、どんな気持ちで預けたのか分からないため、養子縁組してもいいのかどうか、非常に悩むんです」

親が誰か分からなくても、子どもの特別養子縁組が成立することはあるが、新しい親子は法的に不安定さを抱えるという問題がある。しかも、いったん子どもの出生届が出され、戸籍に名前が記載された後でポストに置かれ、二重戸籍になったケースもある。戸籍を取り消すには裁判での手続きが必要になる。

児童虐待が問題になる中、近年、厚生労働省は子どもの所在確認をしているが、中には確認できないケースがある。２０１８年６月時点で28人、19年６月で６人。この中に赤ちゃんポストに入れられた子どもがいる可能性もあると私は見ている。

熊本市の第２期検証報告書では、「海外留学したい」として未成年の母親が預けたケースが報告されている。ほかにも「仕事をする上で預ける施設がすぐにみつからない」「学校を卒業したら引き取ります」など、母親に育てる意思がありながらポストに子どもを置いていることもある。母親側の問題が解決したら、取り返しに来る可能性は否定できない。

匿名なので親がどういうつもりなのか、分からないため児相を悩ますことになる。

蓮田は２０１１年、預けに来た親あての手紙に「８週間以内に連絡がなければ、特別養子縁組の手続きに入る」との表記を盛り込むと表明したが、熊本市から「民法に８週間で親権が消失するという規定はない」と〝待った〟がかかった。

ドイツでは赤ちゃんポストに預けられた子どもは、８週間たてば養子縁組の手続きに入る。これを参考にしたものだが、この８週間は「実親が本当に育てられないのか、じっくり考えるための時間」を確保したものだ。

妊娠中は「育てられない」と思っていても、生まれた子どもを見て「自分の手で育てよう」と気持ちが変わる人も少なくない。このため、「8週間は養子縁組の手続きを進めてはならない」と定められているのだ。

「救われる命がある」

理事長の蓮田のインタビューに戻ろう。

——（理事長は）中絶の多さを問題視されています。これは過去に中絶した女性が、ゆりかごがあれば中絶しなかったのに、と言った声を聞かれたのですか。

「違います」

——ドイツではベビークラッペ（赤ちゃんポスト）を置いても、遺棄や殺害の回避はできないという倫理審議会の見解が出されています。

私は見解のコピーを差し出し、「日本語訳されています」と付け加えた。

「ドイツはアウシュビッツの反省の上に、命を大切にしようとしているんです。アウシュビッツで何人死んだか、知っていますか」

——600万人です。

「そうです。それほど多くの人を殺しました。それを深く反省し、教訓としているんです。だからベビークラッペで命を大切にすることとつながっています」

——倫理審議会は、ベビークラッペがなければ、子どもが殺されていたと推定されるケースはないと言っています。

蓮田は再び胸ポケットから携帯電話を取りだし、電話を掛けた。

「お忙しい中、すみません。今、大丈夫ですか。実は今、取材を受けていて、ドイツでは倫理審議会の見解が出されているというのですが」

電話の相手は、千葉経済大短大部准教授の柏木恭典だった。柏木が説明しているようだ。蓮田は時折「はい」「そうですか」と相槌《あいづち》を打ちながら、静かに聞いていた。

かなり長い時間がたったように感じられた。私の喉はからからに渇いていた。湯のみに手を伸ばし、口元に運んだが、お茶はもう1滴も残っていなかった。

蓮田は「ありがとうございました」と礼を言って電話を切り、私の方を向いた。

「倫理という面から、赤ちゃんを匿名で預けることは容認できるものではないというが、それなら、育てられないからといって遺棄することは容認できるのですか。ドイツでも対立があると聞いています。（でも、それを検証するには）一人一人に聞き取りをしなければ分からないでしょう。匿名の人にどうして話が聞けるというのですか。結論は、私は出せないと思います。そんな不確かなデータは学会などでも通らないはずです。学会ではきちんとしたデータが必要です」

――では、ゆりかごで命を救っているというデータはありますか。

そう問うと、蓮田は力を込めて言った。

「救っているんです。すべての命を救うことはできなくても、救われる命があります。ここがあったから助かった、子どもを畑に埋めようと思っていたという人が実際にいるんです」

――命を救っているという根拠は、子どもを畑に埋めようと思っていた人がいる、ということですか。

「そうです。ここがなければ、本当に畑に埋めていたかもしれません」

――その人は、畑に子どもを埋めようと思っていたけれど、ゆりかごがあったから預けた、ということなのでしょうか。

「その人は預けに来た人ではなく、相談に来た人でした」

そうであれば、命を救ったことを示す根拠であるとは言えないのではないか――。

そんな質問をぶつけると、蓮田は「親には子どもの命を助けたいという切なる思いがあるんです」と言い、救う道さえあれば悲劇は起きないことを強調した。

そして「これ以上、取材には応じられません」と切り上げられた。

私は「お読みになるなら差し上げます」と言ってドイツの審議会の見解のコピーを差し出した。しかし、「いらない」と突き返された。

部屋を出ると、さっきの女性職員が戻ってきたところだった。

「申し訳ありませんが、病院として子どもが保険に入れるかどうか、お答えはできません。児相に聞いてください」と言う。

「私は児相に聞いたことを申し上げたんです」と言って、一礼してその場を後にした。

第8章　神の手と呼ばれて

父は国文学者

慈恵病院理事長の蓮田太二へのインタビューは、突如、幕を閉じた。その後も取材依頼したが、よい反応は得られなかった。私としてはもっと聞きたいことがあった。しかし、これ以上話をすることは難しいと思った。蓮田と私では、議論の土台が違いすぎた。

彼は「命を救う」という一点で話を進めようとする。その言葉はうそではない。いや圧倒的な善意によって裏付けられている。しかし、実際に命を救ったかどうかの根拠はよく分からない。私がそれを問うと、蓮田は「救っていないと言えるのか」と問うが、私はドイツの報告書を持ち出すことしかできない。

こうした堂々巡りの議論を交わす一方、蓮田が抱く絶対的な善意の源泉に興味を抱いていた。とくに別れ際に語った「親には子どもの命を助けたいという切なる思いがある」という言葉は、彼の人生から得られた教訓のように感じられた。

それらはどう育まれたのか。

今でこそ、蓮田太二といえば「赤ちゃんポスト創設者」という冠がつくが、それ以前から地元では有名な存在だった。人間・蓮田太二の生い立ちを少し振り返りたい。以後、蓮田家の歴史をたどるため、「太二」と表記する。

太二は１９３６年、台湾の台中市で蓮田善明《ぜんめい》、敏子《としこ》の間に、次男として生まれた。

善明は、三島由紀夫を見いだした著名な国文学者だ。故郷は熊本県植木町（現熊本市北区）だが、胸膜炎を患い、「暖かいところでの生活がよい」と医師に勧められ、台湾に住んでいた。

善明の父・慈善は浄土真宗の住職、敏子の父、師井淳吾は開業医だった。キリスト教徒の太二だが、父の実家は寺だった。

健康を取り戻した善明は38年、成城学園高等科（現成城大学）の教授として赴任することになり、東京に移る。善明は仲間とともに同人誌「文芸文化」を創刊した。

翌39年、太二が3歳のとき、善明は日中戦争の召集を受ける。このため、太二ら家族は父母の故郷、植木町に戻った。

太二には6歳年上の兄、晶一がいる。「兄の誕生日には、母はオーブンでケーキを焼いてお祝いをした」というエピソードがある。

善明は出征した翌年に帰還する。銃弾を腕に受けていたが、「その『手』がまだあったことに安堵《あんど》した記憶がある」と、太二は共著『名前のない母子をみつめて』でつづっている。

善明は再び成城学園の教授になり、一家は東京の祖師ケ谷大蔵に移る。

善明の同人会仲間に学習院の清水文雄（熊本県五木村出身、１９０３～98年）がおり、善明は清水の後任として成城学園の教授に就任した。

清水のクラスに、後に三島由紀夫となる平岡公威《きみたけ》がいた。当時16歳。平岡が書いた「花ざかりの森」を清水が同人会の編集会議に持参したところ、善明は作品を絶賛した。三島の将来性を見抜いた。

「花ざかりの森」を「文芸文化」に掲載した。善明は編集後記に三島のことを「悠久な日本の歴史の謂《もう》し子である」「全く我々の中から生まれたものであることを直《す》ぐ覚《さと》つた」と書いている。これを機に三島は次々と作品を発表することになる。

２度目の召集

１９４３年、善明は２度目の召集を受ける。

熊日は、「ふるさとの人物に見る20世紀」と題した企画の中で、善明を特集したことがある。99年8月17日付の記事には、「妻子と故郷愛し自決した国文学者」との見出しで、召集前の善明について、晶一から聞いたエピソードとしてこう伝える。

> 次の応召まで三年間というもの、蓮田はまなじりを決して生きていた感じが強い。毎夜遅くまで、緊迫感を漂わせながら読み続け、書き続けていたという。そのころ、一緒に湯船につかっていた父から「世界で何が一番難しいことか」と晶一さんは聞かれた。月世界旅行などと答えを並べたら、「国体を続けることだ」と言った。「小学生にそんなことを、と今でも思う。しかし父にとっては、入浴中にも頭を離れぬ大事だったのでしょう」

善明はマレー半島の最南端ジョホールバルで終戦を迎える。その4日後の45年8月19日、善明は連隊長の中条豊馬《とよま》を射殺し、自らも拳銃で自決する。

太二は著書『ゆりかごにそっと』に、「父の死は、なんとも言えない重荷を家族に残した」と書いている。99年の熊日記事には、兄・晶一のこんな言葉がある。

「ほんとうに、一人で死ねばよかったのに」

さらに晶一と太二の「あちらのご遺族に対して負い目があります」という言葉を伝えている。

父の自決は若き日の太二に影を落とし続けた。41歳で善明が自決したとき、太二は9歳だった。

太二は『名前のない母子をみつめて』の中でこう書いている。

> 私が小学校に入学した頃、独楽《こま》がほしいと思った。独楽を買いに店に向かったのだが、あいにくべーゴマしか置いてなかった。仕方なく、それを買ったら、その日の夜、父から窘《たしな》められた。「欲しいものがないからといって、安易に他のものを買ってはならない。一度、こうと決めたのなら、そうしなければならないよ」と言われた。
> これは、私の生き方の根になっているかもしれない。

「こうのとりのゆりかご」を設置した後、激しい非難を浴びたが、一度として気持ちが揺らぐことはなかった。

「一度決めたことは貫く」。太二のその信念こそが父の教えだった。自らの出自には並々ならぬこだわりがあったことがうかがえる。

35歳で院長へ

幼くして父を失った太二は、兄・晶一の勧めもあり、兄と同じ医学の道を目指す。

1956年、熊本大医学部に進学。学生寮で過ごす。65年、28歳で禮子《れいこ》と結婚し、3男1女に恵まれる。医師となり、慈恵病院に赴任したのは69年のことだ。

慈恵病院は1898（明治31）年、マリアの宣教者フランシスコ修道会が創設したハンセン病患者のための施療院を起源に持つ。当時、近くの本妙寺付近では、ござを敷いただけのところに治療も受けられずに寝起きしているハンセン病患者たちがいた。

宣教活動のために来日したフランス出身の神父コール（1850〜1911年）が、修道会に援助を求めて施療院を建設し、「待老院」と名付けられた。そこに老人ホームや養護施設、幼稚園などが併設される。養護施設は、亡くなったハンセン病患者の遺児たちが暮らした。海外出身のシスターたちが献身的に患者や高齢者、子どもたちの世話をした。

慈恵病院の北側には、「聖母ケ丘」と呼ばれる一帯がある。現在も修道院や老人ホームなどがあり、ところどころにマリア像がある。周囲の庭木はシスターたちの手できれいに整えられており、静粛な雰囲気だ。コールの墓もあり、「待老院」の由来となった聖書の一節が刻まれている。

「疲れた者　重荷を負う者はだれでもわたしのもとに来なさい　休ませてあげよう」

一角には１９７６年に高松宮・同妃両殿下が手植えされたというサザンカもある。

慈恵病院には熊本大病院の医局から医師が交代で派遣されており、１年で大学に戻っていた。69年、太二も当初「１、２年のつもり」で赴任した。

ところがその後、日本経済が上向いてきたため、修道会はシスターたちをアフリカや中南米に派遣するようになった。病院経営から撤退することになり、「院長を引き継いでほしい」と太二に相談があった。

太二は「まだ経験が浅い」としていったんは断ったものの、地域住民から「閉鎖反対」の声が上がり、修道会からも再度要請され、受ける決断をする。35歳だった。

産婦人科医は一人しかおらず、24時間３６５日拘束された状態で働き続けた。

私は病院の元職員の女性２人に２０１９年11月、話を聞いた。太二の猛烈な働きぶりを覚えていた。

「理事長先生はいつ寝ていらっしゃるのだろうと話をしていました」

太二の評判は極めて良かった。できるかぎり自然分娩するという方針で、両手で妊婦のお腹をさすって逆子を治すことで有名だった。その手は「神の手」と呼ばれていた。

親子2代とも太二に取り上げてもらった、という話は熊本では珍しくない。赤字経営を立て直したのは、太二の力量だった。元職員の女性はこう振り返る。

「PRはほとんどしていないのに、患者さんの口コミで評判が広がり、次から次に患者さんが増えました。とにかく患者さん第一主義です。昼になったから食事をお持ちしようとしても、『僕はいいから。患者さんを通してください』と言われ、診察を続けられました。びっくりするくらい頭脳は明晰で、一人ひとりの患者さんの情報が頭に入っていました」

「うちで働きなさい」

1970年代、切迫早産で入院中だった女性の夫が急死したことがあった。女性は退院するとき、医療費を請求されなかった。

それから5年後、この女性のもとに、太二から電話がかかってきた。

「今、どうしていますか」

「パートをしています」

「でも先生、私は生活が大変でしょう。うちの病院で働きなさい」

「それなら、まず働きながら勉強して、調理師の資格を取ってはどうでしょうか」

この女性は太二の助言通り、慈恵病院に就職し、働きながら調理師の資格を取った。こう振り返る。

「何百人もの患者さんを診察しているのに、５年たっても私のことを気に掛けてくださっていたことに驚きました。理事長先生には感謝しかありません。退院後もシスターたちからよく連絡をもらい、食料なども届けてもらいました。病院には困っている人、弱い立場の人に手を差し伸べるということが根付いています」

元職員の女性がこう続けた。

「困っている人を助ける精神がありますから、ゆりかごを先生が設置されたことにも驚きませんでした。ゆりかごは突然できたのではなく、日々の活動の延長線上にあります。太二先生がなさることはすべて素晴らしいことです。マスコミが大騒ぎしたことに逆に驚きました。先生も大騒ぎになるとは思っていらっしゃらなかったのではないでしょうか」

1978年、太二は社会福祉法人聖母会から、医療法人聖粒会を設立する。

苦しめられたこともあった。70年に生まれた子どもが未熟児網膜《もうまく》症で失明した家族から裁判で訴えられたことだ。「失明したのは眼底検査をせず、適切な治療を行わなかったからであり、医療過誤ではないか」との訴えだった。未熟児で生まれ、安定した母体から急激に環境が変化すると、網膜の血管は異常な方向に増殖する。進行すると網膜剥離を引き起こし、重度の視力障害となることがある。

未熟児網膜症で失明したり、重度の視力障害となったりした人が、医療機関に損害賠償を求めて訴える裁判は当時、珍しくなかった。

現在では光《ひかり》凝固《ぎょうこ》法という治療法が標準となっているが、これを厚生省研究班が発表したのは75年。1年後の76年ごろには治療法が定着したとされ、それ以降のケースは医師側の過失を認める判決が多い。

慈恵病院で訴訟になった子どもが生まれたのは70年で、この治療法が定着する以前のことだった。

著書『ゆりかごにそっと』によると、ほかの病院の医師たちに「未熟児網膜症が発生していることを裁判で証言してほしい」と頼んだところ、「未熟児を助けるな、助けてもなにか後遺症が出れば裁判を起こされる。下手すれば医者も病院も潰れる。手を触れないこと、それがいま僕らを守る方法なんだよ」と言われたという。

「未熟児の命より、大学や病院の評判や自身の保身のために動く人々を、いやというほど見た」太二は、「医師としては、命のために尽くすことが最善なのだ。どんなことがあっても、命を守ることが第一優先なのだ、という結論に達し、迷う気持ちがふっきれた」と『名前のない母子をみつめて』に書いている。

　裁判では原告の訴えが棄却された。慈恵病院の勝訴だった。

　その後も太二は患者の命のために尽くし続け、３万５０００件の出産に立ち会った。大量出血の症例も多くあったが、「１人の命も落としていない」（同書）という。

　父の実家は寺で、キリスト教とは無縁だったが、１人も亡くさなかったことは「神に助けていただいた」（同書）と感じ、キリスト教の洗礼を受ける。１９９８年のことだ。

自負心

　慈恵病院の分娩数は２０１８年、１７２９件に上る。熊本市内でも有数の産婦人科を主体とした病院だ。赤ちゃんポストが設置された07年度の分娩は７８０件。ポスト設置から約10年で２倍以上に増えた。

実は熊本市には出生数が全国一という病院がある。民間の福田病院で、２０１８年の分娩数は３８２７件に上る。

福田病院理事長の福田稠《しげる》にとって太二は〝恩師〟でもある。中学生だったときの家庭教師が太二だった。

２人の年の差は10歳。福田が振り返る。

「本当に優しくしてもらいましたね。蓮田先生が住んでいた寮にもよく遊びに行きました。怒られたことはなかったです。その後も交流が続き、よき相談相手になってもらいました」

太二を子どものころから見てきた福田は、「蓮田先生には内に秘めた自負心がある」と言う。

「自分は特別だという思いがどこかしらある方です。善明先生の息子ということが関係しているのかなと思います。一つは何よりも善明先生のＤＮＡ。二つ目はその生き方でしょうか。善明先生は終戦時、正義感から上官を射殺し、ご自身も自決された方で、私たちは英雄譚《たん》として受け止めていましたが、ご家族にとっては複雑だったようです。三島由紀夫に影響を与えた人ですが、上官を射殺したという影の部分を引きずっておられたような感じがします。だから何かしなきゃ、という思いがあるんだと思いますね」

太二を「欲がない人。人と比べることをせず、嫉妬や邪心もなく、純粋」と評する。福田は熊本大学時代の太二を覚えている。大学では教授が回診に行くと、さっと先に回ってエレベーターのボタンを押すような人もいたが、太二はそうした〝競争〟には加わることがなかったという。

「ただ、ほかの学生とつるんだりすることもなかったのではないですかね。とても静かで、これを言うと先生に叱られるかもしれませんが、浮世離れしていると言えるかもしれません」

　福田は「赤ちゃんポストは蓮田先生しかできないと思う」と言う。

「我々医療者は、命を救うために一心不乱になるわけです。救えたかどうかは、すぐに結果が出ます。しかし、赤ちゃんポストは救えたかどうかは分かりません。その子の幸せのためによかったかどうかという評価は難しいですよね。もし私が設置したら、子どもが預けられて本当に良かったのかどうか、夜も眠れないほど考え込むと思います。ぶれずに続けられるのは、蓮田先生の強い信念があるからでしょう」

捨て子ポスト

　太二が「赤ちゃんポスト」を知るのは２００２～03年ごろのことだ。

胎児の命を考えるＮＰＯ法人「円ブリオ基金センター・生命尊重センター」（東京）が発行している「生命尊重ニュース」に掲載された記事がきっかけだった。

「生命尊重ニュース」は１９８４年発刊。来日したマザー・テレサが「日本は豊かで美しい国だが、たくさんの胎児を中絶する心の貧しい国である」と話したことをきっかけに、中絶を思いとどまってほしいと願って作られた。

「生命尊重ニュース」２００２年秋号と03年春号に「ドイツ・ベルリン『捨て子ポスト』『妊娠葛藤相談所』を見学して」と題したリポートを掲載したのは、ＮＰＯ法人円ブリオ基金センターの田口朝子だ。このときの呼称が「捨て子ポスト」だったことに目が留まった。

私は田口に19年11月、電話で話を聞くことができた。「捨て子ポスト」は02年1月30日付の朝日新聞が記事で使っていた言葉だったという。

同新聞の見出しは「赤ちゃん託す『捨て子ポスト』需要あり　母と子　揺れる権利　独2年で40カ所以上に『双方に禍根』批判も」。記事のリードはこうだ。

自分の赤ちゃんを何らかの理由で育てられない母親が、赤ちゃんを託せる「捨て子ポスト」がドイツで増えている。母親が名前を明かさずに出産し、施設などに引き取ってもらうフランスの匿名出産制度を導入しようという動きもある。しかし、そのフランスでは、匿名出産で自分の出自を知ることができない子供たちが制度の廃止を訴えている。母親と子供。どちらの権利を優先するべきか。

記事ではポストを設置した病院の医師の「電話してくる母親が多い。十分に話し合う。ポストが捨て子を助長しているわけではない」とする話や、大学教授の「子を捨てる母親は家庭に問題を抱えている。ポスト利用で問題は未解決のまま残される。母親は産んだ子を忘れられないし、生母を知らない子どもの心にも大きな穴があく。ポストは双方に禍根を残す」との批判も紹介している。

田口はドイツの記事を書いた記者に電話を掛け、ポストを紹介してもらって視察した。さらに２００４年、生命尊重センターの活動をする11人で再びドイツに渡り、ポストを見て回った。このときの視察に太二も同行している。

この後、田口は作家の遠藤周作の妻、遠藤順子らによる提言集『手間ひまかける　気を入れる』に文章を書くように頼まれ、ポストの報告書を書き直した。

名称を「捨て子ポスト」から「赤ちゃんポスト」に変えた。これが「赤ちゃんポスト」という言葉を使った最初とみられる。05年のことだ。

田口はこう話す。

「最初にドイツを視察したとき、バルトフリーデ病院のポストを見ました。きれいな花が植えられて小道が続いていました。グリーンの立て看板があり、この看板を目印に行けばポストにたどり着くと思いました。するとグリーンの郵便ポストの大きなものが浮かんできて、とても心が温かくなりました。投函《とうかん》するポストではなく、家庭で受けるポストの大きなもののような感じです。

同じグリーンで、言葉が分からない人でもたどり着けるよう配慮がされていました。捨て子というより、赤ちゃんという言葉が浮かびました」

さらに田口は「ドイツと日本では子どもに対する見方が全く違うと感じました」と言う。

「ドイツでは子どもは神様からの賜《たまわ》り物という考えです。出自が問題ではない。生を受けたことに意味があると考えます。親が、育ててくれる人に託したのだと思いました。

日本で捨て子といえば、お寺の軒先に置いたり、お金持ちの家の門に置いたりするというイメージがありますが、子どもがいらないから捨てるのではなく、人に託すこともまた、背景には親の愛があるのだと思います」

ドイツ視察のビデオ

ドイツ視察の様子は「赤ちゃんポスト―ドイツと日本の取り組み」というビデオにまとめられている。このビデオは文部科学省の選定となり、後のポスト設置にも影響を与えたため、少し紹介したい。

赤ちゃんポストを設置したベルリンの病院の産婦人科医が登場し、こう話している。

「設置当初は、周りからのいろいろな批判もありました。赤ちゃんポストが悪用されるのではないかという懸念や、社会的な倫理観という面からの批判もありました。社会的な批判に対しても、お母さんと赤ちゃんを守るために対応してきました」

「何よりも大切なのは、赤ちゃんが生まれる前に、赤ちゃんとお母さんの2人の命を守ることです。赤ちゃんポストはいわば緊急避難です。赤ちゃんが生まれる前にお母さんと話すことができれば、二つの命を守るためにもっといろいろな対応ができると思います」

蓮田太二はこの視察から3年後、赤ちゃんポストを設置することになる。

太二は視察する時点で、「自分たちがまさか本当にドイツの赤ちゃんポストのようなものをつくることになる、とは夢にも思っていなかった」と、『名前のない母子をみつめて』

に書いている。

同書によれば、ベルリンの大きな病院を視察したとき、小児科医から「ドイツ全土の70カ所の赤ちゃんポストに、40人ほどの赤ちゃんが預けられている」との話を聞き、「ざっと計算しておよそ2年に1人しか預け入れられていない」として、「それだけしか預け入れられていないのに、そんなにたくさん設置しておく必要があるのか」と質問したという。医師は顔を真っ赤にして怒り出した。

「命をなんだと思っているのですか！　一人でも、命を守ることが医師の仕事ではないのか」

太二は「返す言葉がなかった」と書いている。

この記述は非常に興味深い。それまで蓮田もポスト設置の効果や根拠を求めていたが、このやり取りを経てそんな数字よりも「命を守る」という思想を重視すべきだ、と悟ったようにも見える。

この志向そのものは、医師としてまっとうな倫理観ともいえる。根拠ばかり求める私の取材を切り上げたことも理解できた。

蓮田太二は２０２０年10月25日、心筋梗塞のため亡くなった。84歳だった。

第9章　内密出産

ドイツの見解を病院に

慈恵病院理事長の蓮田太二にインタビューした2017年4月のことである。

取材後さすがに、どっと疲れが出た。早く帰って少し休みたかったが、そういうわけにもいかなかった。

この日、慈恵病院では「子ども食堂」の1周年記念バーベキューが開かれていた。

病院は子どもを育てられず、赤ちゃんポストに預けに来る人たちの背景には貧困があると主張する。

経済的に困窮した人たちの支援をしたいと、職員食堂を使って週に1回、子ども食堂を開いて無料で食事を提供しているほか、中学の制服代が払えない人たちへの経済的支援にも取り組んでいる。こうした取り組みが報道されると、病院には寄付が集まる。中には一度に１００万円を寄せた人もおり、私はそうしたことも記事にしてきた。

1周年記念バーベキューも取材の案内が来ていたため、記事を出すつもりだった。それはそれ、これはこれだ。

渡り廊下を通って、会場の本館4階に向かった。会場では、ハマグリやサザエ、あか牛などが焼かれ、子どもたちが笑顔で食事をしていた。報道各社も来ていた。

にぎやかな会場で、副院長の蓮田健の姿を見つけた。健は太二の長男で、産婦人科医である。

健は大きめのメガネをかけ、真面目な人柄がにじみ出る。

熊本県内の医師の間でも「ファイトがある」「勉強熱心」と評価されている。6人の子どもを育てており、さらに里子も育てている。

健が熊日の記事に最初に出てくるのは、ポスト設置から7年後の２０１４年だ。赤ちゃんポストに預けられたという設定の子どもが、「ポスト」というあだ名で呼ばれるドラマ払う」とした。

「明日、ママがいない」（日本テレビ）に対し、健は「人権侵害」と抗議する記者会見を開いた。全国児童養護施設協議会も「子どもを傷つける」として日テレに内容の変更を要求した。日テレは謝罪し、「ストーリーは当初の構想で展開するが、表現には細心の注意を払う」とした。

慈恵病院では当時、太二が理事長と院長を兼ねていたが、高齢で透析治療も受けており、実質的なトップは健だった。

バーベキューの会場で健に「近日中に5分でいいですから時間をとっていただけませんか」と頼み、時間を指定してもらった。父の太二に渡せなかったドイツ倫理審議会の見解を、病院側に渡したいと考えていた。

数日後、指定の時間に病院へ行き、「実はドイツでこんな見解が出されています」と、80ページにわたる見解をとじたファイルを差し出した。

私は「ポストで赤ちゃんの命を救う可能性が否定されています」と話した。

健はページをパラパラとめくって言った。

「ちゃんとしたデータなのかな？　数字は書かれていないじゃないですか。これでは学会発表なんかできませんよ」

見解には「データを分析した」と書かれているが、具体的なデータは書かれていない。

「では先生は、ゆりかごで何人の命を救いましたと、学会で発表できるデータをお持ちですか」と聞いた。この流れは父、太二とまるで同じである。

　健は「データねえ……」と言って、腕を組んで考え込んだ。

「そうです。データです」。私はそう言った後、口を閉じ、健の発言を待った。しばらく沈黙した後、健が口を開いた。

「では、これから子どもを預けに来て、接触できた人に、ゆりかごがなければどうしたか、聞いてみることにします。殺していたって言うかもしれない。殺していたと答えた人が何人か、というデータを集めてみます」

「聞いてみてください。その結果をぜひ教えてください」

　5カ月後。熊本市の専門部会が第4期検証報告書をまとめたことを受けて、慈恵病院は記者会見を開いた。検証報告書は、「ゆりかごが直接的に子どもの生命を救ったかどうかは検証できない」と指摘した。太二とともに同席していた健はこう言った。

「（預けに来た親に）ゆりかごがなかったらどうしたか、面談で聞いています。返事を聞いていると、『児相に行った』と。ゆりかごがなければ絶対死んでいた、というわけではないが、行き場のない母子の駆け込み寺として機能していると思います。命を救った、救わないではなく、セーフティネットとして機能していれば、それでいいのではないでしょうか。命を救うというのは誰かが言い出した。１３０人の命を救ったわけではない」

「誰かが言い出した」とはどういうことだろう。「命を救う」とは父、太二が常に語ってきた信念である。とはいえ、実際に救ったかどうかの点にこだわらない姿勢には「正直な人」という印象を抱いた。

朝日のスクープ

さらに3カ月後の12月15日、仕事が休みの日、携帯電話が鳴った。デスクからだった。

「朝日新聞夕刊の1面に、慈恵病院が内密出産導入を検討しているって出ている」

「抜かれた」と一瞬思った。全く察知していなかった。思わず「すみません」と謝った。

朝日新聞の記事の見出しは「『内密出産』導入を検討　匿名で産み　成長後に出自『赤ちゃんポスト』の熊本・慈恵病院」だった。こう書かれている。

親が育てられない子を匿名で預かる「こうのとりのゆりかご」（赤ちゃんポスト）を設置する慈恵病院（熊本市）が、妊娠を知られたくない女性が匿名で出産する「内密出産制度」の導入を検討している。子が成長してから母親の身元を知らせ、母子の安全を図りながら出自を知る権利を担保する仕組み。熊本市に実現したい意向を伝えた。

朝日新聞の夕刊は熊本県には配られていないが、県内に配られる翌16日の朝刊も1面トップで、2面には「母子　孤立させず命守る　出自を知る権利保護」「『予期せぬ妊娠』支援半ば」「国は積極的に制度後押しを」などと大展開している。記事を読んで、疑問が次々とわいた。

子どもの戸籍はどうするのだろう。出産費用はだれが負担するのだろう。

妊娠を市町村に届け出れば、妊婦健診券が発行され健診費用の自己負担はほとんどないが、匿名の人の健診費用はどうするのだろう。

子どもの特別養子縁組をする場合、実親の同意が必要だが、匿名の人の同意をどう担保するのだろう。

朝日新聞の記事を何度読み返しても、これらの疑問には一つも答えが見つからなかった。

「国は積極的に制度後押しを」という見出しの記事には、こんなことが書かれている。

出産を自宅で一人でしなければならなかった女性たちを取材してきた。背景には虐待やＤＶを受けていたり、無知のためだったりと、様々な事情がある。赤ちゃんポストに加えて内密出産制度ができれば、女性たちの状況に応じた選択肢が増えることになる。

女性が「妊娠を言いたくない」背景には虐待やＤＶがあると記事は書く。

だが女性の匿名性を保持すれば、虐待やＤＶは続いてしまうことになるのではないか。内密出産したからといって、女性が抱えている問題は一つも解決しない。

赤ちゃんポストと内密出産を並列で語っていることも気になった。ポストでは問題は解消されないという反省から、ドイツでは国家として内密出産制度の導入が模索されてきた。

私はデスクに、「一病院でできる取り組みではありません。できないことをできるかのような報道はおかしい。ミスリードします。いくら朝日が1面で書いたからといって、熊日としては冷静に対応する必要があります。このまま追い掛けるのは危険です」と言った。「追い掛ける」というのは、他社が特ダネとして報道した内容を、後から報道することだ。

法解釈で可能なのか

結局、別の記者が取材することになり、翌16日熊日の朝刊にこんな記事が掲載された。

見出しは「内密出産の可能性検討　慈恵病院『母親の孤立防ぎたい』」。

　親が育てられない赤ちゃんを匿名でも預かる「こうのとりのゆりかご」（赤ちゃんポスト）を開設している慈恵病院（熊本市西区）が、妊婦が匿名で出産する「内密出産」の可能性を検討していることが15日、分かった。

　望まない妊娠に悩んだ母親が、自宅で1人で産むような危険な孤立出産を防ぐ目的。同病院の蓮田健副院長は「行政機関と相談の場を設けたい。行政的な手続きが整えば実施する」としている。

16日、病院は記者会見を開き、内密出産を検討していると発表した。報道各社はこぞって大きく取り上げた。熊日は17日付朝刊でこう報道している。

　親が育てられない赤ちゃんを匿名でも預かる「こうのとりのゆりかご」（赤ちゃんポスト）を運用する慈恵病院（熊本市西区）は16日、記者会見し、（中略）「内密出産制度」に関し、蓮田健副院長が「法的な課題はあるが、母子の安全を守る観点から、法解釈で可能ではないか」と述べた。（中略）

蓮田副院長は「ゆりかごの場合、親が不明なため、やむを得ない事情と解釈して熊本市長が一人戸籍を作っているが、母親の身元情報がある中で、子どもの戸籍を別に作れるかどうかがハードルとなる」などと指摘。（中略）「行政や専門家の意見を聞きたい」と議論の高まりを期待した。

不思議だと思った。新聞で「検討」と書く場合、制度設計は済み、おおよその時期も決まっている場合だ。

例えば「A社が本社機能をB地区に移転することを検討している」「C百貨店がD店舗の閉鎖を検討している」といった具合で、その組織（人）の判断で実施することが可能な場合だ。

内密出産は法律がからむ。「出生届を出さなければならない」と規定した戸籍法、妊娠を届け出るよう定めた母子保健法……。

これらの法律には抵触しないのだろうか。「現行法で可能」なのだろうか。法解釈すれば可能なのだろうか。法律に触れるか触れないか、判断するのは裁判所だ。

法解釈というのは、法律に何が書かれているかを明らかにする作業のことだ。なぜ、法律家ではない医師が「法解釈で可能」と言えるのだろうか。

「しなければならない」と法律に書かれていることを、「しなくてもいい」という〝解釈〟が成り立つはずがない。

現場の実情

内密出産が報道された日、旧知の複数の医療関係者から電話がかかってきた。共通してこう言った。

「内密出産導入検討なんて言わなくても、実際にやっています。病院には守秘義務があります。内密出産をやっていますと大っぴらに言わないのは、それが内密だからです」

周囲に出産を知られたくない人がいる。中には県外から出産のために来る人もいる。医療機関ではその人の個人情報を厳重に管理し、限られた職員しか接しないようにする。部屋に名札を付けず、外部からの問い合わせにも答えない。そうした取り組みは既に一部の病院で実施されているようだ。

問題となるのが出産費用だ。通常の出産なら、加入している健康保険から一律42万円の出産育児一時金が支払われる（２０２３年4月から50万円に増額）。ある医療関係者は言う。

「もし保険に請求しなければ、自己負担することになります、と言うと、たいていはそれなら保険に請求します、と言います。匿名とお金をてんびんにかけたら、お金を優先する人がほとんどです」

「戸籍に入れるのを嫌がる人もいるのでは」と聞くと、「法律はこうなっています、と時間をかけて丁寧に説明すれば、みなさん納得します。法律で決められていることを、したくないと言う人はいません」と言った。

自宅に配達された朝日新聞を見ながら、同業の夫に「これ、おかしいと思うんだけど」と言うと、夫は「他社の報道がおかしいとか、おかしくないとか、こだわったってしょうがなか。あんたはあんたで、書きたいことを書けばいいたい」と言った。

ハッとした。「そうたい。私は私で書けばいいとたい」と思った。

ドイツの内密出産は、相談機関と医療機関を分ける仕組みだ。どの報道を見ても、そもそも慈恵病院が相談と医療のどちらをしようとしているか、分からない。本人に聞くしかない。

報道の経緯

副院長の蓮田健に取材を申し込んだところ、受けてくれることになった。メールの返信には「森本さんに情報をいただきたいものですから」と書かれていた。

２０１７年12月26日、病院を訪ねると、シャンデリアのある部屋に通された。薪ストーブのインテリアがしゃれている。子どもが生まれた家族に祝い膳を提供する部屋という。部屋に入ってきた健に、私は時間をとってもらったことへのお礼を述べ、ＩＣレコーダーを取りだして「録音してもいいですか」と尋ねた。健の「どうぞ」という言葉を聞いてスイッチを入れ、「情報をほしいというのは何でしょうか」と聞いた。

「森本さんは内密出産について書かれていますが、どうあるべきか、イメージを持ちたい。(専門部会は)ゆりかごつぶしのために内密出産を出されたのではと思うんですよ。そもそもビジョンとしてどうなのかを知りたかったんです」

健が指摘するのは、熊本市の専門部会が出した第4期検証報告書である。この中で、ドイツの内密出産法について、ベビー・クラッペ(赤ちゃんポスト)の「代わりとなりうる合法的な制度」とした上で、「わが国でも内密出産制度を早急に検討していただきたい」と要望していた。

私は、第4期の報告書を受けて3回の連載記事を熊日に書いた。

連載3回目のテーマが内密出産で、見出しは「内密出産　導入検討を」だった。検討を求めているものの、出生届の扱いや出産費用などの点で課題が多いことを指摘した。

専門部会の要望はドイツの流れを受けたものだが、健は赤ちゃんポストつぶしのために内密出産を持ち出したのではないかと考えているようだ。彼としては、その提言を受ける形で、内密出産を実現させようとしたのだろう。もっとも赤ちゃんポストをやめて内密出産に移行するというわけではなく、併行して運用するモデルを模索しているようだった。

内密出産についての朝日新聞記事について尋ねると、健はこう語った。

「こちらからまずご相談に行きました。うまくいかなかったときにマスコミの方に話してもいまひとつニュース性がないので、内密（出産）したいと思います、と最初にお膳立てしておいた方がいいと思ったんです」

健の「お膳立て」が全国紙の1面トップになってしまった。メディアの役割とは何なのか、考えたくなる。

続く健との会話から分かったのは以下のような経過だ。

記者には、２週間報道するのを待ってほしいと伝えた。その間に、市役所にも話を通すはずだった。しかし、大西一史・熊本市長がドイツ視察に赴くと知り、「そういう話があるなら早く出してもらったほうがいい」と考えた。

大西市長は「ドイツに出張するので、内密出産の現状も視察する」と12月12日の記者会見で発表した。視察する日は「18、19日」とした。朝日新聞が記事を出したのはわずか３

日後の15日付夕刊。熊本に配られた朝刊は16日付だった。病院が記者会見を開いたのは16日で、健は大西市長のドイツ訪問について「とても心強い。視察は、導入の気持ちの表れだと思っている」と発言した。

市役所では、職員が報道に驚いていた。

「慈恵病院から、相談にお見えになると聞いています。内密出産は熊本市が病院と協議して導入できる話ではありません。公務員は法律に沿わない仕事はできないんですが……」

ここでもまた、報道と現場の間で乖離が生じていた。

赤ちゃんポスト構想が報道されたときのことが思い出された。当時も、市長が知らないうちに一部報道機関が先んじて報じ、各社が後を追った。

なお、当時の取材経緯について、朝日新聞社広報部に取材を申し込んだが、「取材源や掲載に至る経緯については、回答を差し控えます」とのことだった。

「当たり障りのないところ」

健は「森本さんに、（内密出産を）どうすべきか、どういうビジョンで（進めたらいいか）、と伺いたかったんです」と言う。

――ビジョン、難しいですね。あくまで私は報道の立場なので、話をお伝えするということが基本的な仕事です。

「事実しか書きません、といっても、出され方によって違うじゃないですか。ドイツではもうベビーボックスはなくなりつつあるとか。ドイツもどうしたらいいか考え中というところだと思うんですよ。今回、内密（出産）は脚光を集めましたけれども、（マスコミは）転勤があって担当が変わりますよね。継続性がないものだから、やはり毎年4月、5月に記者会見に集まられて、当たり障りのないところを記事に出されます。内密みたいにちょっと足を踏み入れたものになると、森本さんの表現に追随してどこかが取り上げるかというと、多分そうはなりません」

マスコミは「当たり障りのないことを書く」という指摘は、耳が痛い。

健は、専門部会の部会長、山縣文治の名前を出して、こう言った。

「山縣先生も『あいたー』（しまった）と思われているかもしれません。（専門部会は）早急に内密出産の制度の導入を、と提言に書かれていますよね」

――国に検討してほしいという要望があったと思いますね。

「法律はなかなか難しいと思うんですけど。さっきの森本さんのお返事は分かりました。事実を伝えているので、代替策はどうかと言われても、それはちょっとと（いうことですね）」

――それは私が決めることじゃなくて、社会的に議論をした上で決めていくことなのかなと思います。私から伺いたいのですが、ドイツの内密出産は相談と医療を担う組織は別です。先生が構想されている内密出産は、医療をやるのですか？

「ドイツのまねがいいかどうかというと議論を深めていかなければならないと思います。ですから、今回、私は見出しは『導入を検討』という形にしてくださいと申し上げた。いろんな専門家の人たちにお話を伺いながら、どういう形かということを具体的に決めていくべきです」

　そのリクエストに沿ったかどうかはともかく、結果として朝日新聞の見出しは健が言った通りだった。

「相談の業務と病院のお産する業務に利害関係があるのでしょうか。どうして分けないといけないのか」

――分ける必要がなければ、病院には守秘義務がありますから、病院で秘密を守りますと言えば、名前を明かしてもらって出産というのも普通の業務としてできるわけですよね。

「はい。だからそこですよね。守り通せば可能かなと思うんですよね」

　そうであれば、守秘義務を盾にして現行の制度でも内密出産は可能なはずである。私がそうした疑問を口にすると、健はこう返す。

「問題は戸籍のところですよね」

私は記者会見に行けなかったが、健は会見で「現行法で可能だ」と言ったと報道されている。そのことを思い出し、「会見で言われた現行法とは何の法律ですか」と私は尋ねた。

「戸籍（法）です」

——病院で内密出産で生まれ、保育器に入っている子どもがいたとして、警察に棄児発見申出書を書いてもらうということですか。

「そこは一番ポイントになると思うんですけど、出生届は、親に事情があって届けられなければ、医師が届けてもいいんですよね」

——棄児発見申出書じゃなくて、出生届の話ですね。親が届けられない場合は、出産に立ち会った医師や助産師が出生届を出さなければならないとされています。

「戸籍に載せられないと親が言っていると、そこから宙ぶらりんになる可能性がありまず」

——出生届を出せば自動的に戸籍に入りますよね。

「そこです。どうして現行法の解釈でいいかというと、過去に結構（前例が）あるはずなんです。ダブル不倫をした男女がいるとします。（既にそれぞれの家庭があるため）自分たちは育てられない。特別養子縁組に出すということであれば、戸籍に入れてくださいとなります。ところが両家とも、全然知らない子どもの名前が（戸籍に）載っていることを避けたいから、うちは戸籍に入れられないと言い張るとします。過去にゆりかごでもあったんです。親の身元が分かって、戸籍に入れてくださいねと念押ししても、いつまでも入れられないケースもありました。本人をあまり追い詰めると自殺するかもしれない」

専門部会も子どもがポストに預けられた後、「数年にわたり無戸籍」となっているケースがあると報告している（第4期検証報告書）。親が判明したものの出生届の提出を拒否しているためだ。この親は児相や関係機関からの連絡にも応じないという。

戸籍法は14日以内に出生届を出すことを義務づけ、違反したら5万円以下の過料という罰則規定もある。出生届の提出は「義務」だと、私は指摘した。

すると健は「首長が（一人戸籍を）作るんですよね」と、棄児のケースについて言及した。

――それは棄児の場合ですね。

「そこの解釈です」

――もう少し詳しくお聞かせください。

「やんごとない事情があるから、首長が戸籍を作ります、といったイメージでしょうか。戸籍に入れられないと、その子はずっと無戸籍になってしまう。全国の児相とかに当たられたら、前例はきっとあるはずなんです」

――先生はあると聞かれたことがあるんですか。

「いや、想像です。ゆりかごなら親がいないから諦めもついて一人戸籍になるけれども、親が目の前にいて、割り切ってもらえるのかという問題だと思います」

――誰に割り切ってもらうのですか？　警察ですか？　それとも市町村でしょうか？

「決断は市役所ですよね」

――出生届の話に戻ります。内密出産した子どもの出生届は出されますか。

「出す必要があるから当然と思いますけど。問題は戸籍法が父母の氏名及び本籍地を書くとなっていることです。そこの記載がないものを出していいのかどうかです」

――先生は親が分からない子どもの出生届を出すということですか。

「だってそうなってしまいますよね。内密出産ですから」

　身元不明の子どもの出生届を出したとする。本籍や名前が書けないものを出して、役所が受けてくれるかどうか。いや、受理はできないだろうと私は思う。それを可能にするとすれば、それこそ法整備が必要になるのだが、健は「法解釈」でできるのではと言う。

「私なりの作戦」

健は「首長が子どもの一人戸籍を作っている説」についてこう言う。

「さっきの話が日本に一例もありませんでしたということであれば、蓮田健の想像の産物でしかないわけですが、森本さんは蓮田健がすべてをプランしているとお考えですか？　あまりにも早すぎるのではないですか」

――早すぎるというか、私は今の段階で先生がどう考えていらっしゃるのかを……。

「これは私なりの作戦なんです」

――作戦ですか？

「そう、作戦。目の前のお母さんと赤ちゃんのために、早く導入しなきゃいけないと思うんです。だからできるだけ解釈できるものは解釈してもらいたい」

――法律の解釈というのは、法律の意味を明らかにする作業とされています。

「だからあえて可能性があると言い切ったわけです」

――可能性があると言い切ったら、それができるようになると？

「森本さんみたいに『できない』となると、そこで終わりますよね」

——私はできるとかできないとか言ってないんですけど。

「それは逃げなんですよ。『客観的立場ですから』と言いながら、できない方向に持っていくためじゃないですか」

——私は先生のお考えをお聞きしたいと思って来たのですが。先生は作戦として先手を打てば、可能性があると？

「できますと言い切っていません。可能性があると」

——現行法で可能と言われていますが。

「解釈で」

——10年前のゆりかごも同じですが、まず作戦として出せば、そっちの方向に進むんじゃないかということですか？

「そういうことです。もともと森本さんが、専門部会の話から、ベビーボックスはあんまり意味がないから、内密（出産）がいい、という記事を書いていました。では、ポストの代替手段として内密出産でいきましょうと呼び掛けると、逃げられますね」

　赤ちゃんポストに「意味がない」とは書いていないが、危険な孤立出産を防げないことや、子どもに出自を知る権利がないといったマイナス点は指摘してきた。ドイツでは妊婦に安全な医療を提供することと、子どもの出自を知る権利を両立させるため、赤ちゃんポストの代替手段として内密出産が考案されたのである。

ところが健は赤ちゃんポストに加えて内密出産も導入したいという。赤ちゃんポストの何が問題だから内密出産という話になったのかについての検証はなかった。

健は「もともと内密出産がいいと専門部会が言い出した」と言う。ただ、専門部会は国の制度として検討を求めたもので、一民間病院で導入するよう求めてはいない。

私の取材姿勢に問題があったのか、そのあたりのズレについて健から答えを引き出せなかった。

ただし、健は内密出産に対する評価について、必ずしも良くはないとも付け加えた。

「内密出産というのは聞こえがいいんですけど、結局出自は16歳まで分かりません。出自が分かるのが大切なのは、場合によっては思春期かもしれないし、小学生かもしれない。大事な時期に出自を知らせられないかもしれません。子どもの育成を考えたときに16歳がいいのか分からないんです。そうなると、実は内密（出産）も、安易な子捨ての助長という意味ではゆりかごと似ているんです」

赤ちゃんポストも内密出産も「いい話ではない」とさらっと口にするところは、健ならではのクレバーさだろう。それらの負の側面も認識しているようだ。情熱家の父とは少し違う。

「（内密出産に関する）法律の制定の見通しは暗い」としつつ、特別養子縁組に関する法律について触れた。

子どもに安定した家庭環境を与えようと１９８８年、民法を改正して特別養子縁組制度が始まった。実親との関係が残る普通養子縁組とは違い、実親との関係を断ち、法的には養親の「実子」とする。

健は「あれは議員さんが率先したというより、ある事件がきっかけだったんです」と言う。

赤ちゃんあっせん事件

宮城県石巻市で産婦人科医院を開業していた菊田昇（１９９１年、65歳で死去）による赤ちゃんあっせん事件のことは私もよく知っていた。

中絶を希望した女性を説得して出産させ、子どもを望む夫婦にあっせんしていた。その数、59年から77年で約２２０人に上る。

夫婦の実子に見せ掛けるため、虚偽の出生証明書を作成した。子どもの引き取り先を募集する新聞広告を出したことから73年に発覚し、公正証書原本不実記載などの罪で罰金刑た。

最高裁は88年7月、処分取り消し訴訟の判決で「医師の職業倫理にも反する」と指摘し
となり、医業停止6カ月などの処分を受けた。

一方、「中絶される命を救いたい」という菊田の理念は、特別養子縁組制度ができるきっかけともなった。

「もし菊田医師にならうなら、まず自分たちの信念を世に提示しなければなりません。慈恵はゆりかごや電話相談だけでは解決できないというジレンマがあった、と。慈恵で産んで子どもを赤ちゃんポストに預けたいというケースがときどきあるんです。まさに内密出産ですよね」

――そういうときはどう対応されるんですか。

「すみません、と言うんです。ゆりかごは匿名なんです。目の前にお母さんがいたときは匿名を貫くことができません。『周りの方から支援を受けられませんか。家族の方はきっと心配されますよ、自宅で出産して死んでしまうと大変ですし』と説得します。説得に応じてくれる人もいますが、それきり連絡が途絶えてしまう人がいます。そうしたジレンマを抱えているので、匿名でいいから産めば、赤ちゃんは何とかするからと言いたいわけです」

さらに健は内密出産のシミュレーションを語りだした。

「『運転免許証のコピーを封筒に入れて封をしてください、自分たちは（子どもが）16歳になるまで開けません』と言います。それを市役所に持って行くんです。そこで押し問答になると思います。菊田先生にならうなら、それくらいしないといけないと思います。（私たちは）お母さんは退院させて、赤ちゃんを預かって、市役所にこの子の戸籍を作りたいと掛け合わなければなりません。自分たちはジレンマがあった。内密出産は専門部会もいいと言っていた。だけどことが動かないから、赤ちゃんとお母さんの健康のためにこれをやったんです――と」

ここらで法律の解釈についてもあらためて聞いておこうと思った。

――法律の解釈の話に戻りますが、先生がおっしゃる解釈というのは、しなければならないと書かれていても、解釈次第でしなくてもいいと読み替えるということですか。

「そういうことです」

――法律に触れるかどうかの結論は、最終的には裁判所が出す話だと思います。厳密に言えば法に触れると指摘される可能性もあると思うのですが。

「医者の世界には有益性投与という言葉があります。プラスとマイナスを見て、副作用があるのは承知した上で、有益だったから投与した、という意味です。孤立出産が危険と言われているので、その危険性を回避するために緊急処置としてそうしました、ということです」

出産費用は養親に

出産費用のことも聞いておきたい。

――ところで内密出産の場合、身元が分からない方の出産費用はどうしようとお考えですか。

「健康保険は使えないので、養子縁組先の親御さんにお願いすることになると思います。ところが問題は、それをするとバイアスがかかるというか、もし自分で育てたいとなったとき、病院の損金扱いになるでしょうね。希望者にはお金と（自分で育てることを）てんびんにかけることはしないように、という説明はします」

もし実母が自分で育てたいと言い出した場合、養親になるつもりだった夫婦には費用を返すことになる。それを恐れて育てたいと言い出せなくなる可能性もあるため、実母に支払いを求めず、病院が負担するということだ。

――たくさん来ても損金扱いとして処理できますか。

「たくさんあると思いますか？　年間5件以下だと思います」

健には内密出産をスタンダードな選択肢とするつもりはないようだ。

「私は今回のことで、みなさん真剣に考えていないと思ったんです。森本さんも蓮田が真剣にやりたいと言い出したことで、ではここどうなるんですかという質問を見つけられたと思うんです。初めて内密出産の難しさを感じられたのではないかと思います」

それはその通りだった。実現するかどうかはさておき、問題点が浮かび上がった側面は否定できない。

その問題点の一つが妊婦健診だろう。保健所に妊娠を届け出れば、無料で妊婦健診が受けられるようになる。

母子保健法は、妊娠した人に市町村へ届けるよう求めている。届けた人に対し、ほとんどの自治体は妊婦健診が無料で受けられる券を発行する。熊本市の場合、1人に14回分の券を渡す。健診にかかる費用はほとんど自己負担せずに済む。

匿名でどこに住んでいるか分からない人の妊婦健診はどうなるのか。健に問うと、「慈恵は覚悟がある病院なので、健診費用も病院が持つことになると思います」と答えた。

私は、妊婦健診に行かない人や健診を受けずに陣痛が始まってから医療機関に駆け込む人（飛び込み出産）が増えるのではないか、という不安を健に投げかけた。

「飛び込みと内密（出産）は別ですよ。飛び込みの人のほとんどは隠し通そうとしません。親に絶対話せないと思っていても、親御さんが来てみると、妊娠を知っていたよ、ということもあります。本人だけが隠し通さなくてはいけないと思い込んでいるんです」

――未受診妊婦が増えて飛び込み出産が増えることはあまりないと？

「飛び込み出産は増えても構いません。その人は自宅出産したかもしれないので、結果的にはよかったのではないでしょうか。多分、いじわるな人はこう言うと思います。慈恵が内密出産と言ったばかりに、今度は内密出産を前提に妊婦健診を受けない人がいる、と。ゆりかごもまるで自宅出産を誘発したかのように言われます。そうではなくて、産婦人科の世界だったらいくらでもある話でしょう」

　私も「いじわるな人」に数えられているだろう。

――では、いじわるついでに、もし飛び込み出産で来た場合、それまで妊婦健診を受けていなければ早産だったりします。子どもがＮＩＣＵ（新生児集中治療室）での管理が必要だった場合は、別の医療機関に移さなければならないと思うんですけど、その医療費はどうしたらいいんでしょうか。

「しょうがないですね、（慈恵が）かぶらないと。それは確率の問題です。確率が低いことを想定しても進みませんよ」

さらにこう続ける。

「慈恵が困っている。匿名だから保険が利かない。だから病院が月何百万円も負担しているると、記者会見で発表するわけです。そうなると、結局国はお金がない未熟児については民間に任せていて、行政は手を差し伸べようとしないと判断されるでしょう」

――保険がない子どもを放置しているという批判が、国にいくということですか。

「はい。だから自分たちも損害をこうむりますが、社会のためということであれば慈恵としてせざるを得ない」

――その子は保険に入れませんけれども。

「それを書いてください」

健は淡々とした口調だった。少なくとも私の質問の範囲内の事態については、彼のなかでも既にシミュレーション済みということだろう。

ドイツ倫理審議会の根拠

ドイツ倫理審議会の報告書についても聞いた。

——ドイツでは倫理審議会が、赤ちゃんポストがなければ殺されていたと推定される例はないと言っていますが。

「それは逆に、根拠を私に示してください」

——根拠がないと？

「データをアカデミックに教えてください。ドイツの思い込みじゃないかと逆に言いたくなる」

——ドイツの報告書が、正しいとは限らないということですね。

「そういった意味では、森本さんは厳しさがないなって思ったんです。この報告書についても、安易にのみ込まれてしまって、この根拠は何ですかと疑ってほしいと思います」

——私がドイツ倫理審議会の報告書を安易にうのみにしていると？

「そういうことです。だからどこで（データに）有意差があって、そうなったんですかと聞いているわけです」

正直に明かすが、この問いかけに対して口ごもってしまったのは事実である。

これから記すのは、取材後にあらためて調べたということを承知で読んでいただきたい。

ドイツ倫理審議会は「これまでの経験上のデータ、および自らの子どもを殺害または遺棄した女性たちに関する犯罪学的、科学的な知見では、この間10年にわたる経験からして、諸制度の有効性を確証するに至っていない」と指摘している。

日本語訳されたものにはこのデータの数字までは書かれていないが、審議会はドイツ語と英語で見解を公表しており、それには10年間の新生児遺棄に関するデータが添付されていた。１９９９年から２００９年まで、報道された遺棄事件の情報を集めており、それによると、発見時に死亡していたのは99年に21件。翌年以降は17、17、20、31、19、20、32、26、29、20件とあり、増えたり減ったりしている。

一方、ドイツ青少年研究所は２０１０年、匿名出産と赤ちゃんポストについて調査している。対象となった匿名の子どもは９７３人で、このうちポストに預けられた子どもは２７８人としている。これだけの子どもが預けられていても、遺棄の数には大きな変化が見られないという判断となる。

同研究所の赤ちゃん殺害に関する鑑定によると、殺害してしまう女性たちは「経済的に困難」「妊婦健診を受けていない」「若くて未婚の女性」だと思われがちだが、「正しい方向を示していない」と指摘する。赤ちゃんを殺してしまった女性の大部分は「ごく普通の女性だった」という。この女性たちは「出産に驚いた」ため死なせてしまい、赤ちゃんポストを利用するために必要な行動を「取れる状況になかった」と分析している。

同研究所は匿名で子どもを預ける女性は孤立し、精神的、肉体的な負担を抱えると指摘する。「子どもの委託に至った生活状況は、匿名による子どもの委託を利用することによって変わることはない」として、相談と支援の必要性を強調した。

とはいえ、これらも、十分な根拠と言い切るつもりはない。

千葉経済大短大部准教授の柏木恭典も、２０１３年に出版した『赤ちゃんポストと緊急下の女性』の「おわりに」でこう書いている。

「本書を書き上げる上で、可能な限り多くの文献や論文と対峙してきた。だが、それにもかかわらず、赤ちゃんポストの是非をめぐる答えは未だに見いだせていないというのが、本書を書き終えた現時点での筆者の率直な見解である」

厚労省の子ども・子育て支援推進調査研究事業の一つとして、民間の調査会社が「妊娠を他者に知られたくない女性に対する海外の法・制度が各国の社会に生じた効果に関する調査研究」を２０１８年度と19年度、実施した。「予期しない妊娠をした女性が自宅などで隠れて出産した直後に遺棄または殺害する事例に対する抑止効果を測ることができるのではないか」との見立てのもと、海外の赤ちゃんポストや匿名出産などと、遺棄数、殺害数、虐待数、中絶数を指標として調べたのだ。

しかし、２０２０年3月にまとめた報告書は、指標について「効果を測る上では必ずしも適切ではないとの指摘を度々受けた。例えばフランスのヒアリング対象者からは、匿名出産をする女性、子どもを遺棄する女性、子どもを殺害する女性、子どもを虐待する女性はそれぞれ別個の存在であり、一つのカテゴリーに分類して考えることはできないとの見解が示された」と書いている。

「これらの指標の推移について分析を行ったとしても、法・制度の効果を測ることはできず、指標との関連は不明である」とまとめている。

研究者も、データを提示するのはなかなか難しい。ゆえにポストを巡る議論は、お互いの主張が交わらない。

「必ずしも内密にする必要はない」

健のインタビューに戻ろう。

――ところで内密出産については、先生は母子の命が守れる根拠があると考えていますか?

「根拠というより、来てくださいって言えます。例えば来たときに約束が違うって言われたケースがあります」

そこで彼はあるケースを例にとった。赤ちゃんポストに預けようとした女性に接触した。すぐに児相が来て、女性の身元が分かってしまった。

児相が女性に根掘り葉掘り聞くと、女性が「匿名のはずなのに約束と違う」「赤ちゃんポストはそんなはずじゃなかった」と泣き叫んだ——。

そんな場合、「（内密出産があれば）来てくださいと言えるメリットがあります」と彼は強調した。彼が言いたいのは、児相が来ても匿名が守られるなら、女性も児相と落ち着いて話ができるということだろう。一方で彼は「多分その人たちの半分以上が、なーんだということになります。私の思い込みだったと」とも語った。

——何を思い込んでいると？

「私は必ずしも内密にする必要はなかったんだと。実際、ドイツはそうでしょう」

——そうですね。

「預けた女性本人の思い込みで、ゆりかごしか選択肢がないと言っているけれども、実際、人と人が対面して、いろんな相談に乗ると、『今まで自分たちには頼る人がいなかった』と女性は言います。だからそれを怒らず叱らず寄り添うと、心を開いてくれて、匿名という前提もなくなるんですよ。思い込みの人たちはたくさんいます」

「人と人が対面して相談に乗ると、心を開いてくれる」という健の説明は説得力があると思った。そういうケースも多々あったのだろう。意外だったのは、健も「妊娠を隠さなければという気持ちは、思い込みに過ぎない」と言っていることだ。これまでの病院側の主張は、「絶対に妊娠を知られたくない人がいる。匿名だから命が守れる」というものだった。

　健はこんなことも言った。

「各都道府県に一つずつゆりかごをつくって、かつ周知し、ベビーボックス（に預ける）という方法もあるとテレビのＣＭでも流します。そこまでやった上で、実際赤ちゃん殺しがどこまで減るのか。そこまでやらないと、根拠を示す状況が整っていません」

――人を殺した人はいっぱいいますが、計画性があったのは少数でしょう。犯行に及んだ人は殺すつもりはなかった、死ぬとは思わなかったと主張することが多くあります。ゆりかごは赤ちゃんを遺棄してしまう人に、遺棄するなら預けてくださいということですが、遺棄しようという前提がなく、衝動的、結果的に遺棄してしまう人の方が多いと思います。

　この前提こそ検証する必要があると私は思っていた。

「森本さんが言いたいのは、ゆりかごが１００％機能しますかという話になるんです。世の中から赤ちゃんの遺棄殺人をゼロにすることはできないと思っています。殺人や遺棄の数を減らすことが目標であって、完璧はちょっと無理です。この活動に意義があるのは、最終的にはここに頼ることができるという駆け込み寺的な側面であって、だからこそ預け入れる前の人たちが電話相談するんです。だから、それでいいと思っているんです」

――駆け込み寺的で、年間6500件の電話に対応されて、その人たちは救われているというのはおっしゃる通りです。一方で出自の分からない子どもが出てくるのはどう考えますか?

「それはさっきの有益性投与です。みんなに提供できるという前提自体がおかしい。人と同じものを必ずしも享受できるわけではなくて、これはごめんなさい、という子が必ず出てきます」

これも健らしい返答だった。決して「冷たい」と言いたいわけではない。病院の責任者として、たくさんの命を預かる立場の彼には大局的な視点も必要だろう。

虐待とは別のグループ

――妊娠を望まない人がたくさんいらっしゃるというのは重々承知した上でなんですけど、恥ずかしいものだとか隠したいものだとか言われるより、妊娠・出産は、女性にとって豊かな素晴らしい経験だというメッセージの方が、救われる人が多いという気がするんですが。

「それはよく分かりません。実は、ある手紙があります。赤ちゃんを死なせてしまった方の手紙です。お母さんになれない自分を（世間は）認めてくれないと。妊娠や出産は確かに喜ばしいことかもしれないけれど、どうしても社会の偏見があると書いています」

私はその偏見を変えていく作業が必要だと思っている。妊娠・出産する女性に対するリスペクトが必要ではないか。

そうした持論を話すと、健は、望まれない赤ちゃんが現実には産み落とされてしまうということを知った上で解決しなければならないと言い、こう続けた。

「愛しているといっても虐待する親はいます。そういう子こそ、本当はゆりかごに預けてもらいたい。でも、ゆりかごに預ける気はさらさらないと思いますよ」

――厚労省は０歳児の虐待死の統計をとってますけど、ゆりかごができて10年たっても減っていないですよね。

「虐待死は別です。ゆりかごに預けに来る人は虐待とは別のグループにあります」

身体的虐待で子どもが亡くなると、新聞社には「ゆりかごが近くにあれば救えたのではないか」という電話がかかってくることがあるが、彼は「虐待をする親は赤ちゃんポストには預けない」という認識だった。

インタビューの時間は２時間を過ぎた。

彼の携帯電話がさらに鳴り、「ここの部屋使うみたいです」と言われ、インタビューを終えなければならなくなった。

彼は最後に「導入を検討ですよ、これからですよ」と繰り返した。

「検討」とは、「調べたずねること。詳しく調べ当否を考究すること」（広辞苑）とあり、彼が「検討している」ことは何も間違いではない。

繰り返すが新聞が「検討」と書く場合、制度設計はほぼ済み、その人の判断でできる場合だ。「検討している」という各社の報道は、私にとって強い違和感を伴った。しかし、これについては健ではなく、報道側の問題だろう。

終盤、内密出産について見切り発車した健の姿勢について再び問うたが、逆に「森本さんには記者としての優しさがない。ご自分で（首長が子どもの一人戸籍を作っている実例があるか）調べてみようと、汗をかこうというエネルギーがないんです。細かいところを突っ込むエネルギーはあるけれども、別の考えや方法があるかもしれないというのに、それについて一生懸命取材しようというスタンスはないですね。だから堂々巡りなんです」と言われた。この言葉は、取材後も私の中に残り続けた。

これまで私は、記者として赤ちゃんポストや内密出産の根拠を求めてきた。その姿勢が間違っているとは思わない。だが、健から「そこまでいうなら代替案を」と振られた際に、口ごもる自分に気づいた。取材後インタビューの音声を聞き返しながら、記者としての実力不足を感じることもあった。

それらの答えを示すことは記者の役割を超えていると思う。しかし、そもそも私には、「その先」のビジョンが乏しかった。健は、はっきりとポストや内密出産の先を見据えていた。

このインタビューから2年後の２０１９年12月7日、健は記者会見を開き、「内密出産制度を導入した」と発表した。妊婦は病院内の新生児相談室の室長だけに身元を明かすという。同室長を務めているのは、蓮田健の妻・真琴である。

独自に導入した内密出産は2年後、〝実現〟する。

見切り発車

「匿名で出産希望の女性を保護している」と慈恵病院長の蓮田健が記者会見で公表したのは、２０２１年10月29日のことだった。理事長兼院長だった太二が20年10月に死去したことに伴い、健は後を継いだ。

「初の内密出産か」と報じられたが、出産後に女性は自ら育てると翻意した。11月10日には記者会見で内密出産が回避されたことを公表した。

女性の名前こそ出ないものの、内密出産を希望する女性の情報が発表され、内密出産が広く知られるようになった。

年が明けて22年1月4日、健は前月に10代の女性が内密出産したと記者会見で発表した。「初の内密出産か」と大きく報じられた。

健は同月13日、熊本地方法務局を訪れ、親の欄に名前を記入しないまま出生届を出すことが刑法に抵触するかを問う質問状を提出した。出生届に親の名前を記入しないことは、熊本市が刑法の公正証書原本不実記載罪に当たる可能性があると指摘していたためだ。

法務局の回答は「回答しかねる」。法律に抵触するかどうかは、「捜査機関において収集された証拠に基づき個別に判断されるべき事柄」とした。

出生届を出すことで警察から捜査を受けるかもしれないとして、健は届け出を当面保留することにした。

病院は内密出産を「導入した」と発表したものの、その後の出生届や戸籍をめぐる手続きは不明なままの「見切り発車」だった。

ただ、「事例が先行しないと行政は動けない」と健が話していた通り、行政が動くことになる。内密出産の実施を控えるよう再三求めてきた熊本市長の大西一史は、協力すると姿勢を転換させた。「出生届の提出によらずとも市区町村長の職権により戸籍の記載ができる」との法務局の回答を受け、大西は「戸籍がないことで子どもに不利益がないよう、最優先で考えなければならない」として、職権で戸籍を作成することにした。

２０１７年に健にインタビューをした内容はこの章の前半に書いたが、健の「作戦」通りに進んでいるように見える。ただ、戸籍ができればいいという話なのだろうか。戸籍ができたとしても、赤ちゃんポストに預けられた子どもと同じように「一人戸籍」で、親の名前は空欄だ。自分の戸籍から肉親をたどることはできない。出自を知る権利が保障されるのかも疑問が残る。報道によれば、この女性は高校時代の学生証と健康保険証のコピーを封筒に入れて渡した。学生証と健康保険証のコピーをもとに、子どもが実母にたどりつくことができるのだろうか。

健康保険証には住所が書かれている場合もあるが、転居すればわからなくなる。

女性の現住所をたどるには、本籍地へ出向いて戸籍謄本と住所の履歴が書かれた附票の交付を受ける方法があるが、請求できるのは基本的に同一戸籍にあるか、祖父母や父母、子ども、孫など直系血族に限られる。

子どもが本籍地に出向いて実母の戸籍謄本を請求しようとしても、親子関係を証明する公的な書類がなければ難しいのではないだろうか。学生証や健康保険証に本籍地は書かれておらず、そもそも本籍地の情報を病院が把握していない可能性もある。

実母の情報入手に障壁

内密出産で生まれた子どもに限らず、一般に特別養子となった子どもが、実母の現住所などの情報を入手するには大きな障壁がある。

実母の戸籍が子どもを出産した当時のままなら、除籍された子どもの請求に応じて、戸籍謄本と附票が交付される。しかし、実母がその後、結婚などで元の戸籍から除籍されていた場合、新しい本籍地のある自治体に子どもが出向いて戸籍謄本を求めても、交付を拒まれることがあるという。

大阪で50年以上にわたって養子縁組の支援をしてきた公益社団法人家庭養護促進協会理事の岩崎美枝子は、「個人情報保護法が成立してから、実母をたどりにくくなってしまいました。特別養子縁組をすると実親との法的関係は消滅し、他人となります。このため、他人の情報は教えられない、と言われるようになりました」と話す。

実母は特別養子縁組を希望しているというが、成立するかどうかは不透明だ。

民法第８１７条の６では特別養子縁組には、「養子となる者の父母の同意がなければならない」と定めている。「ただし、父母がその意思を表示することができない場合又は父母による虐待、悪意の遺棄その他養子となる者の利益を著しく害する事由がある場合は、この限りでない」とあり、これに当たると家庭裁判所が判断する可能性はある。

厚生労働省と法務省が２０２２年9月に出した内密出産のガイドライン（後述）では、「特別養子縁組の成立は最終的には司法判断」「ただし書きにより同意を要しない事由として認められる場合が考えられる」としている。あくまで「考えられる」のであり、家裁がどう判断するかは当然ながら国もわからないのだ。

気になるのは、この実母が10代で未成年だったことだ。

成人年齢は２０２２年４月に18歳に引き下げられたが、当時は20歳だった。実母は出産当時未成年のため親権は持てず、子どもの親権はその父母（子どもの祖父母）が代行する。親権者が知らないままに特別養子縁組が認められるのかも疑問だ。もし認められたとしても、後に孫が生まれていたことを祖父母が知った場合、親権を主張して訴訟に発展する可能性もあるだろう。

法律に抵触する恐れも

さらに気になっているのが、女性が内密出産をした理由として「パートナーの男から暴力を受けている」「出産が知られたら自分の親から縁を切られてしまう恐れがある」と報道されていることだ。

「暴力を受けているから内密にしたい」という希望に沿っただけでは、暴力は続いてしまうだろう。暴力を見聞きしたら、関係機関につなぐなどして、暴力がなくなるよう対処が必要だ。

母親が自分の親から縁を切られてしまうことを恐れたため、実母との縁が切られてしまう子どもはどうなるのだろう。こうした場合は、ソーシャルワーク的な支援が必要なのではないだろうか。

この女性は病院にたどり着いた翌日に出産し、産後4日目で「仕事があるから戻らないといけない」といって新幹線で帰っていったという。労働基準法では女性の産後8週は就業させてはならないと定めており、産後6週は女性が希望しない場合でも強制的な休業だ。女性が出産を雇用主に隠していれば、法的な保護が受けられない。雇用主も従業員の出産を知らずに働かせてしまえば、法律に抵触してしまう恐れがある。

公的な支援も受けられず、法的な権利も享受できず、家族や身近にいる人にも子どもを産んだことを隠さざるを得ない状況は、女性をかえって孤立に追い込んでしまいかねないのではないだろうか。

1例目の内密出産が大きく報道されたことも影響したのか、次々と内密出産希望者が慈恵病院を頼ってきた。病院が発表したのは22年5月、7月（2回）、8月、10月と続き、23年6月末時点で11例（翻意して自ら育てることにした例も含む）に上る。内密出産の報道を見て「私もそうしようと思った」と言ったとも伝えられており、模倣されている可能性がある。

「陣痛に耐えながら新幹線に乗った」「病院に到着後すぐに出産した」などのケースがあり、危険と隣り合わせであることがうかがえる。中には本人の同意だけで帝王切開したケースもあるという。

「熊本に行けばただで出産できる」

こうした状況に産婦人科医からは強い懸念の声が上がっている。

埼玉県熊谷市のさめじまボンディングクリニック院長の鮫島浩二はこう指摘する。

「妊娠を隠したいという背景には、虐待や暴力がある可能性があります。内密出産はソーシャルワークを全くしないまま、悲しみに打ちひしがれた実母を虐待や暴力の環境にそのまま返してしまうことが問題です。実母に支援の手が届きません。実母がメンタル的な問題を抱えていれば精神科や心療内科と連携、医療的ハイリスクなら高次医療施設と連携、社会的・経済的ハイリスクなら福祉・行政と連携することが必要です」

鮫島は全国25の産婦人科医療施設でつくる一般社団法人「あんしん母と子の産婦人科連絡協議会」の理事長を務める。協議会は虐待死ゼロをめざし、予期せぬ妊娠をした女性を支援し、親が育てられない場合、生まれてくる子どもを養子縁組につないでいる。

協議会発足前は、特別養子縁組を望んで相談を受けた66件のうち、13・6％の９件が自ら養育することを選んだ。発足から８年後は、相談を２１０件受けたうち、自ら養育することを選んだ女性が27・6％の58件に上ったという。鮫島はこう話す。

「病院同士が連携したことで、特定妊婦についての理解と意識改革が進んだことや、内密ではなく、家族に相談するよう説得して、より家族を巻き込んだ対応で実母へのサポートが強化されたこと、行政との連携により福祉の援助について具体的に紹介できるようになったことが挙げられると思います」

さらに当初は特別養子縁組を希望していても、意思が変化して自ら育てる人が3割程度いることに触れ、「実母が育てたいと希望すれば、全力で養育を支援すべきです。そのためにも行政や福祉と連携することが欠かせません」と強調する。

内密出産が大きく報道された２０２２年、東京のある医師から鮫島に相談が寄せられたという。若い女性が「内密出産したいから細かい手順を教えてください」と来院した。女性は「封筒に免許証と身分証のコピーを入れて封をすればいいのか、封をしないで出すのか」「先生が熊本につないでくれるのか」と聞いた。

医師が見た学生証のコピーは「なんとなく怪しい。改竄《かいざん》したものとしか思えない」ものだった。女性は21歳と言ったが中学生か高校生のように見え、医師が問いただしたら新宿・歌舞伎町のいわゆる「トー横」にたむろする若者だった。医師が断ると、女性は外で待っていた複数の男とともに車に乗っていったという。

鮫島は「全国の産婦人科に内密出産を希望したいという女性が現れていると聞きます。なんとなくトレンディーで、親に話したくないからと、安易に希望するケースが多いようです。熊本に行けばただで出産でき、子どもは置いて帰れるという話が広がっています。かわいそうな女性を助けたいという善意の思いが、性産業に利用され始めています」と警鐘を鳴らす。

「内密出産を始めたのは、赤ちゃんポストの危険性に気づいたからではないのでしょうか。命を救いたいなら、マスコミも政治家も孤立出産は危険だから病院に行くことの重要性を伝え、孤立出産を前提とした赤ちゃんポストは廃止すべきです」

ガイドライン策定も「推奨しない」

内密出産が相次いで公表されたことから、法務省と厚労省は22年9月30日付で指針を出した。タイトルは「妊婦がその身元情報を医療機関の一部の者のみに明らかにして出産したときの取扱いについて」。現行制度下での対応を整理したものだ。

内密出産のガイドラインとはいえ、「子どもの出自を知る権利の重要性や出産前後に母子が得られる支援の観点から、妊婦がその身元情報を明らかにして出産することが大原則」「こうした出産を推奨するものではありません」としている。

身元情報を明らかにするよう説得すること、説得の場に行政機関が同席すること、出生届を催告することを求めている。これらの同意が得られずに内密出産となった場合、母の身元情報については医療機関が「永年で保存」とした。

出産費用などについては触れられていない。出産費用を肩代わりし、身元情報の永年保存を求められる病院には、重い負担だろう。

外国人が来た場合の対応も書かれていない。国籍法第２条では、日本国籍とするのは次の要件がある。

「出生の時に父又は母が日本国民であるとき」

「出生前に死亡した父が死亡の時に日本国民であつたとき」

「日本で生まれた場合において、父母がともに知れないとき、又は国籍を有しないとき」

外国人とわかった上で、「父母がともに知れない」または「国籍を有しない」として市長が職権で戸籍を作っていいのだろうか。少なくとも病院は母を知っているのだ。

内密出産について気になっていることを書いてきたが、私にとって最も気がかりなのは病院側の発表をもとにした報道ばかりで、その内容が検証できないことだ。

病院が内密出産を「導入した」と発表したら、法的に問題がないのか、どんな手続きになるのかも不明なまま「導入した」と書き、病院が内密出産を「実施した」と発表したら、女性がどこの誰なのか、実在の人物なのかの根拠もわからないまま「実施した」と書く。

報道は実名が原則だ。ケースバイケースで匿名にすることもあるが、報道する側は実名をつかんだ上で、匿名か実名かを判断する。内密出産で医師もどこの誰かわからない女性についても実名をつかむのは困難だろう。だからといって裏付けの取れない情報を、注釈もつけないまま発表通りに報道するのは危ういと感じる。

例えば22年1月10日付毎日新聞は、1例目の内密出産についてこう伝えている。

今回出産した女性も「病院で産めなかったら一人で産んで、捨てていたかもしれない」と漏らしたという。（中略）退院する際には「今までの人生で大人にこんなに優しくしてもらったことはなかった」というメッセージを残したという。

慈恵病院のスタッフが女性に優しく対応していることが伝わるエピソードだ。ただ、この言葉は記者が女性本人から聞いたのではなく、病院が発表した話だ。病院にとって都合のいい言葉だけを切り取って発表している可能性もあるだろう。「捨てていたかもしれない」と言っても、本当に捨てていたかは誰にもわからないことだ。

内密出産女性のインタビュー

23年4月20日、自宅に配達された朝日新聞と熊本日日新聞を見て驚いた。内密出産した女性に取材したという記事がそろって1面に掲載されていた。朝日新聞はトップ、熊日は左下の位置だったが、両紙とも社会面トップで受けとなる記事を大きく載せていた。

　朝日新聞の1面の見出しはこうだ。

「膨らむおなか　誰にも頼れず　内密出産した10代女性　親から虐待　彼は音信不通『ここしかない』　ひそかに熊本へ」

　社会面では「赤ちゃんに心の中で『ごめん』　内密出産『困っている人に届いて』」という見出しで紙面の3分の2ほどを使って大きく展開している。

　熊日の1面の見出しは「絶対1人で産まないで」、社会面は「祝福されない…死も覚悟産んで変わった　成長したら会いたい」だ。

　親から虐待を受けて育ち、妊娠したことは怖くて言えなかったこと、赤ちゃんのことは「めっちゃかわいい」と思っていること、子どもが大きくなったら会いたいと思っていることなどが書かれている。

　子どもを「かわいい」と言っており、内密出産ができなかったら殺していたわけではなさそうだ。子どもに会いたいと思っていても、既に述べた通り、子ども側からたどるには障壁がある。

　病院で妊婦に渡されるピンクの服を着た女性が赤ちゃんを抱っこしている写真も両紙に

掲載されている。朝日新聞には病院の担当者も取材に同席したとある。新聞社の取材を受けることを病院が女性に提案したのだろう。女性側からすれば、出産費用などを負担してもらっている病院から提案を受ければ、断りにくいのではないだろうか。

内密出産に対して好意的な記事を書いている記者に取材を持ち掛け、２紙に同じ日に掲載されるよう、調整した可能性がある。

取材先との距離の取り方という面で、複雑な気持ちになった。私は新生児相談室長の蓮田真琴に取材を申し込んだが、「忙しい」という理由で断られてから1カ月もたっていなかった。取材を始めたころの私には、真琴が病院のスタッフという認識はなかった。彼女はある日突然、室長に就いたように見えた。どんな資格を持ち、どこでどんな相談援助の基本を学び、どれだけの実務経験があるのか聞きたかった。

取材相手にとって好意的な記事を書いていれば、内密出産した女性への取材も可能になり、1面に掲載される記事が書ける。批判的な記事を書けば取材を断られる場面も増えてしまう。

病院の担当者が同席した取材で、自由な発言ができたのかは疑問が残る。取材相手と仲良くなって情報をほしいという気持ちはよく理解できる。しかし、そこに「肯定的な記事を書いてもらおう」という意図のもと、取材がセッティングされたのであれば、利用されることになりかねない。

病院は女性に関する情報は行政にも提供しないとしており、情報は病院だけが持っている。情報を独占した権力とどう向き合うのか。意向に沿った記事を書くのか。それとも「監視」という役割に立ち返るのか。報道側が問われていると思う。

第10章　メディアと検証

ドラマの題材に

赤ちゃんポストは、テレビドラマやドキュメンタリーでも多く取り上げられてきた。

ＴＢＳは２０１３年、ドラマ「こうのとりのゆりかご～『赤ちゃんポスト』の６年間と救われた92の命の未来～」を放送した。慈恵病院をモデルに、薬師丸ひろ子が妊娠・出産に悩む女性たちを献身的に支える看護部長を演じた。

ドラマでは有村架純演じる女子高生が自宅で出産し、熊本まで預けに行くシーンがある。女子高生は「高校卒業したら、彼と結婚して引き取りに来ますから、それまでここで預かってください」と言う。事情を知ったその母親とともに、子どもを育てる選択をする。

世間体を気にした祖父母が、孫を預けるよう娘に促したり、子どもの名前を書いた紙とともに子どもを置いた女性が、泣きながら去って行ったりする。預けられた子どもが大きくなって病院を訪ね、「ありがとう」と伝える場面もある。

このドラマは、優れた芸術活動を表彰する文化庁芸術祭賞のテレビ・ドラマ部門優秀賞に選ばれている。

2015年4月にはNHKが薬師丸ひろ子のナレーションで、慈恵病院を舞台にしたETV特集「小さき命のバトン」を放送した。病院スタッフが妊娠相談電話に熱心に耳を傾ける様子が紹介されている。

1時間の番組の中で「命を救う」「命を守る」という言葉が繰り返し出てくる。「命を救う」は7回、「命を守る」4回、ほかに「守る」「救われた」との言葉も複数ある。「命」という言葉は30回近くも出てくる。

赤ちゃんポストも出てくるが、番組の主なテーマは「赤ちゃん縁組」である。実母が育てられない場合、出産前にあらかじめ養親を決める。愛知県など一部で行われており、「全国でも珍しい取り組みです」と番組は紹介する。

番組では「産んでも育てられない」という女性が出産するとき、廊下では不妊治療をしても子どもを授からなかった養親となる夫婦が待った。赤ちゃんは産声を上げてすぐ、妊婦服に着替えた養母が抱っこする。養母は感激して号泣し、「この子を何があっても絶対守る」「今までで一番幸せ」と言った。

看護部長だった田尻由貴子が、実母は泣いていたことを養親に伝える。田尻は実母の涙の理由を、養母が泣いて喜んでいたからだとして、「感動の涙」と話す。

赤ちゃんポストのイメージは、こうしたテレビによって国民に定着していった。センセーショナルだったり美談的だったりする内容は検証されてしかるべきだと思う。

だが、本章で論じたいのはそのことではない。

広まる誤解

赤ちゃんポストの問題を考えるに当たって、どうしても避けられないのは報道のあり方である。各社の主張があり、方針がある。赤ちゃんポストにもそれぞれの見解が反映されてもいいと思う。

それをとやかく言うつもりはない。だが、最低限のファクトに基づいて報道しなければ、受け取る側はメディアに対する不信感を募らせてしまうことになるだろう。

特に「命」に関わることは取り返しがつかないだけに、慎重さが求められる。だが現実はどうか。

赤ちゃんポストが「誤解されている」――。

熊本市の専門部会がまとめた第4期検証報告書では、「匿名性」について「身分を一切明かす必要がない」という誤解が広まっていると指摘している。

子どもを保護した児童相談所は親を捜す調査をする。親は捜されるのだ。

報道では私も含め、「育てられない子どもを匿名で預かる」と表現してきた。病院もホームページで「匿名で赤ちゃんをお預かりする窓口」と説明。報告書はこれが「ずっと病院で預かってもらえるとの誤解を与えかねない」と懸念している。

本当に一時的に子どもを「預け」、後で引き取ろうと思っている人もいる。第2期検証報告書では子どもを預けて海外留学しようとした人や、「何かあったら連絡ください」と連絡先を残した人がいると書かれている。留学しようとした未成年者は留学をやめ、子どもを引き取ったという。

報道機関が誤解を拡散している側面があるのではないだろうか。

「赤ちゃんポスト」を新聞はどう報じてきたのか。私は熊本市が保管している過去の記事について情報公開請求で開示を求め、３００枚を超える記事のコピーを入手した。

赤ちゃんポスト設置構想は、２００６年11月9日付で朝日新聞と熊本日日新聞が最初に報道したことは既に述べた。翌10日付で読売新聞、毎日新聞も大きく報じた。

各紙とも識者にコメントを求め、「命を救うことを最優先した取り組み」「捨て子を助長しかねない」など、賛否両論を紹介している。各紙の論調の違いが見て取れる。

例えば読売新聞（06年12月5日付）の「論陣論客」というコーナーには、蓮田太二と中央大法科大学院教授の奥田安弘のインタビューが載っている。蓮田の見出しには「捨て子助長にならない」、奥田には「養子縁組の議論が必要」とある。

毎日新聞（07年1月29日付）の「闘論」でも蓮田が登場し、「子も母親も救える」と語り、同じ大きさで帝塚山大教授の才村真理が「自我の形成に問題」と指摘している。つまりは両論併記という形だ。

一方、朝日新聞（06年12月9日付）は「私の視点　ウイークエンド」のコーナーで、「尊い命救う取り組み優先」との見出しで蓮田の寄稿を掲載した。同じ紙面で違う見方は紹介されていない。

厚生労働省が赤ちゃんポストについて、法的には「問題ない」との見解を示したことを伝える07年2月23日付の見出しは、読売「赤ちゃんポスト　国容認」、毎日「法的問題なし」、対して朝日は「赤ちゃんポスト前進」だった。

朝日にはさらに「命の尊さ　国も理解」という受けの記事も載っている。3月4日付社説には「赤ちゃんが助かるなら」と題して、「今回の試みは意味があるのではないか」と訴える。29日付では「『ゆりかご』待ち望む声　『反対』は少数派」との見出しで、慈恵病院に寄せられた反響を紹介した。

各紙とも初日の3歳男児をはじめ、「何人目が預けられた」ことを競うように報じている。預けられた子どもの数や、病院の蓮田や看護部長の田尻由貴子らは頻繁に登場する一方、子どもと接触する福祉の現場の人たちの声はほとんど出てこない。

取材を断られたのかもしれない。だとしても、取材しやすい人だけを取材して報道するのは、フェアとは言えないように感じる。

ポスト開設当初はセンセーショナルだった報道も、年を重ねるごとに熊本市が発表する預けられた人数や、病院に寄せられる相談件数に関する報道が中心になっていく。

日本テレビ系ドラマ「明日、ママがいない」に病院が抗議（14年1月）したことや、ポストに男児の遺体が入れられた事件（同年10月）などトピックがあれば各社とも一斉に報道するが、現場の人たちの声や「命が本当に救えているのか」という検証は見られない。

10年を経て

では開設10年となった２０１７年5月はどうか。

毎日新聞は5月10日付の社説で「命を守る活動を広げたい」と題し、ポストの必要性について、こう書いている。

> 貧困や暴力などが絡んだ不慮の妊娠によって、望まれずに生まれる子供がいる。（中略）病院は児童相談所と協力し実親の調査や、特別養子縁組につないで赤ちゃんが手厚く養育されるよう取り組んできた。（中略）最近は若者の貧困や家族の機能低下などを背景に「望まない妊娠」は増え、小中学生の出産も少なくない。同病院が受ける妊娠や出産に関する問い合わせも年間５０００件を超える。ポストの必要性は感じられるようになってきた。

冷静になって考えたい。望まない妊娠があるからといって、なぜ「ポストの必要性は感じられる」のだろう。

望まない妊娠があるなら、相談・支援態勢の充実が必要という話になる。黙って子どもを置き去りにできる施設が必要という論拠にはならないのではないか。

病院が「児童相談所と協力し実親の調査」をしている実態はない。置かれた子どもの処遇を決めるのは児相であり、病院が養子縁組につなぐことはできない。「手厚く養育」されるよう取り組むことはそもそもできないのだ。

熊本市の専門部会で、養子縁組などの数は報告されるが、詳しい実態は分からない。病院は「預けられた子どもがどうなったか、調べて教えてほしい」と訴えている。「その後」は、病院も分からない。

「赤ちゃんポスト10年」を機にした２０１７年5月の報道は、各紙の見出しを並べれば方向性は分かるだろう（全国紙は西部本社版）。

毎日新聞「救える命　最優先に」（9日）「出自より命優先」（10日）

朝日新聞「育てる決意くれた」（6日）「生い立ち　ともに向き合う」（7日）

読売新聞「養親　共に悩み前へ」（4日）「一人でも救いたい」（5日）「24時間心に寄り添う」（6日）「先進ドイツ　匿名を懸念」（7日）「生みの親　捜し求め」（9日）

西日本新聞「託された命　つないだ10年」（10日）「出自知る権利どう守る」（10日）

日本経済新聞「赤ちゃんポストに１２０人以上『命守る役目果たせた』」（10日）

朝日新聞（10日）は蓮田太二の発言を紹介しつつ、「命守る役目果たした」「2例目の設置、進まず」「母親を責める状況にない」「各県に一つは必要」などを見出しに取り、毎日新聞と並んで好意的に受け止めていることが分かる。

こうした報道を見て、私がいつも思うのは、メディアは大人の声しか拾っていないということだ。

毎日新聞の「記者の目」（25日）では「広げたい　命守る選択肢」として女性記者がこう書いている。

　「安易な預け入れを助長する」「自宅・車中出産の危険性を防げない」。そして「預けられた子供が成長した時に自身のルーツを知る『出自を知る権利』を奪う」。ゆりかごには厳しい批判もある。だが、多くの命を救ったこともまた事実だ。

記者が書く「事実」とは何だろう。

事実は、病院が「救いたい」と思っていることと、10年間で１３０人の子どもが置かれたことだけだ。何をもって、「救った」と言えるのか、こうした記述に出会うと考えてしまう。

自戒を込めていうが、こと赤ちゃんポストに関しては、メディアによるそうした検証がほとんど行われてこなかったように思う。

赤ちゃんポストに賛成する人は、しばしば「子どもには生きる権利がある」と主張する。もっともな話だと思う。だが、そのきれいな言葉を聞いて、私たちは思考を停止させてはいないだろうか。本来聞かねばならないのは、そうしたスローガンではない。赤ちゃんポストに預けられた子たちの声である。

彼らがこの10年間に、どのような思いを抱いたかについて、もっと耳を傾けなければならないはずだ。現実的にそれが難しいとしても、せめて書き方に慎重さが必要だろう。

海外では反対派の識者が少なくないが、日本では新聞もテレビも識者も、賛成派の声が多く紹介されているように思う。

熊本県中央児童相談所の児童相談課長だった黒田信子は、気になることを言っている。

「何人もの記者さんの取材に応じ、繰り返し、赤ちゃんポストの問題点を指摘してきました。その場では理解してもらったと思っても、記事になると、私の発言の後に、でもやはり生きる権利が大事だ、みたいなことが書かれます。記者は理解しても、上司が批判的なことはだめだと言うみたいですね」

私もあるメディアで赤ちゃんポストを取材したことのある記者から、「批判的なことは書けないと、デスクに言われた」という話を聞いた。全員賛成派ばかりというわけではなく、反対派がいてもその意見をメディアが十分に紹介していないという面があるだろう。

実際、熊本県内の福祉・医療関係者に話を聞けば、危機感を持っている人が多いことはすぐに分かる。

熊日はどうか

他の報道機関に対して批判的なことを書いてきたが、熊本市に本社を置く新聞社である熊本日日新聞社は、赤ちゃんポストをどう報じてきたのか。先輩たちの報道を私が検証するのはおこがましいと思うが、「相手がだれでもタブー視しない」ことを、私は赤ちゃんポストの取材を通して自戒している。自分たちに都合の悪いことを出さないのはフェアではないと思うので、心を鬼にして書きたい。

設置された２００７年の主な記事の見出しはこうだ。

「命を守る姿勢こそ最優先に」（1月10日社説）

「『命の尊さ理解』設置へ前進　慈恵病院　厚労省見解に感謝」（2月23日）

「命一つひとつ大切に」（4月2日、蓮田理事長インタビュー）

「『救える命』優先」（4月6日解説）
「命を救え……苦悩の判断」（4月6日）
「『子どもの将来は……』評価と懸念　交錯」（4月6日）
「命の大切さ問い直す好機」（4月7日社説）
「必要な運用の透明性」（5月11日解説）

設置構想が明らかになった06年11月は、「命の救済か　育児放棄助長か」といった賛否両論を紹介していたが、07年になると熊本市が設置を許可するかどうか、に焦点が移る。07年3月には報道を検証する第三者委員会の委員が「幅広く、問題提起されてきた」と評価しつつ、「もう少しまとまった慎重論を出してもよかったのではないか」と指摘している。

しかし、慎重論はその後もあまり見られない。

開設初日の3歳児の預け入れはセンセーショナルで、波紋を広げた。これ以降は「預け入れがあった」ことを各社と競うように報道している。

1カ月に3人預けられたことが分かり、6月には「『3人』の衝撃」という3回続きの連載がある。困惑する関係者の声を紹介し、「子捨てを助長したのか、それとも命を救ったのか…」という熊本市幹部の話もある。以降、この根本的な命題について考える内容は乏しくなる。

私が赤ちゃんポスト担当になってからは、こうした流れを変えたいと考えた。開設から10年を機にした連載で、私はこれまでの「命を救う」というトーンではなく、命を救うという目的が本当に果たされているのか、疑問を投げかけることにした。

17年5月、私が書いた「ゆりかごの10年」と題した7回続きの連載はこんな見出しだ。

①なぜ……親のこと知りたい　預けられた子ども
②先進地ドイツ　廃止勧告も　救えるか子どもの命
③赤ちゃん処遇　決められず　開設者の誤算
④「犯罪」との境界どこに　遺棄での立件なし
⑤親不明　健康保険入れず　医療　公費から拠出
⑥必要性増す　国の法整備　出自を知る権利
⑦「本当に救えているのか」理念と現実に隔たり

この連載は、取材や報道を検証するために熊日が設置した第三者委員会で取り上げられた。ある大手メディア出身の委員はこう言って連載を批判した。

「ポストの問題点を浮き彫りにするのではなく、生命軽視の風潮の中で、ポストが何を訴えているのかを取材するのがメディアの立ち位置だ」

この委員は病院がキリスト教の精神に基づいて、いかに善意でやっているかを訴えた。「今後も赤ちゃんポストが続けられるように」とも発言した。

社内でも「熊日がこれまで書いてきたことを否定するのか」などという批判があった。

一方、「森本の原稿がちゃんと載るのは、うちが健全だって証しだよね」と声を掛けてきた先輩もいた。1~3回目は1面に掲載された。そのうち、2回目までは1面トップだったことは、社内でも理解する人がいたことの証しだと思っている。

連載途中、女性の声でこんな電話がかかってきた。

「複数の新聞を購読していて、実は熊日をやめようと思っていたんです。だけどあなたの連載を読んで、こういうことをきちんと書ける記者がいるなら、熊日を取り続けようと決めたの。こんな電話をかけてくるのは私一人だけかもしれないけれど、ほかにも同じように思っている読者はいっぱいいるからね。応援しているから」

読者に支えられていると、実感した。ほかにも福祉や医療関係者から「よくぞ書いてくださった」と電話やメールをいただいた。

ブラックボックス

連載を書いた翌月、取材の裏話や感じたこと、思ったことを自由に書いて社内で回覧するコーナーに、私は赤ちゃんポストに置かれた子どもは無保険になるが、それを太二が知らなかったことを書いた。

しかし、私は紙面に掲載した連載で、太二が知らなかったことには触れていない。目の前で太二が驚いた様子を見て、私も驚いたのだが、なぜ私は自分が驚いたことをストレートに紙面で書かなかったのだろうか。

自分の感情を振り返ってみる。社内の人が読むコーナーに書いたのだから、「人に伝えたい」という気持ちはあったと思う。だが、感覚的に「裏話」だと思っていた。

私の文章を読んだ先輩から「あの話、興味深いね。（紙面では）書けない話なんだろうけど」と言われた。私は「そうなんです」と答えた。「書けない話」と言われたことに全く疑問を持たなかった。

私自身が「書けない話」と思っていた。なぜそう思ったのだろう。書いて伝えることを仕事にしている記者にとって、「書けない話」があるのだろうか。私は自問した。

もし書けば、誰かを傷つけてしまうのではないかという恐れがあったように思う。

誰を傷つけるのか。太二か。健康保険に入れないことを指摘しなかったほかの記者たちか。

それもあるだろう。しかし、私が一番傷つけたくなかったのは、私自身ではなかったのだろうか。

「命を救っている人に対して何ということを書くのか」という批判を受けて、自分が傷つくことを怖がっていた。そのため「書けない話」にしてしまったような気がする。

勝手にタブー視していたと反省している。だれも傷つけないように、自分も傷つかないように考えながら報道することを、読者は求めているのか。違うだろう。

でも、怖い。どんな反応が返ってくるのか、怖いと思う自分がいる。私は怖がる「弱い」自分を自分で認め、受け入れるしかないのだと思う。

歴代担当記者はどのような思いでポストと向き合ってきたのだろう。

赤ちゃんポスト開設当時、担当部の部長だった男性に会いに行った。私が入社してすぐのデスクで、大変お世話になり、尊敬もしている。２０１９年11月、熊本市内の喫茶店で、コーヒーを飲みながら話した。

当初、ポストに対しどんなイメージを持っていたかを聞いた。

「危ないイメージだったよ。中で何が起きているのか分からないでしょう。ブラックボックスになるのではないかという懸念があり、不安だったことを思い出すよ」と話した。

――でも、「命救った」みたいな報道が多いですね。

「幅広く制度をどうするか、という話にすればよかったと思っている。命を救うことは当然大事だけれども、慈恵病院に引きずられてしまった感じがあるなあ。子どもをどうやったら育てていけるのか、という話にすればよかったという反省はあるよ」

元部長は率直に振り返った。

当初は3歳児をはじめ、赤ちゃんの預け入れがあったことについて細かく報道した。

「子どもが入ったかどうか調べろ、と言っていたんだ。報道しろ、と。みんなに知ってもらうことが大事だからね。どんな人が入れたのか、それを知らないと救済策、支援策が見えてこないでしょう。その都度、調べて検証することが必要だったと思うよ。でも『なぜその都度出す必要があるのか』と批判もあってね……」

預け入れについての報道は次第になくなり、熊本市の年1回の公表に基づき、預け入れられた人数を報じるという流れになった。

「検証をきちんとするというボタンを、最初に掛けられなかったという反省があるよ」

私が「匿名だから救える、というのは根拠がありません」と言うと、「確かに、今思えばおかしいんじゃないかと思う」と話した。

「あのころは言えない事情があるならやむを得ないのかなと思っていたんだ。例えば性暴力を受けた人が自分で名乗るならいいけれど、周囲から言うよう強いるのは酷じゃないかと思っていたよ。『匿名だから救える』ということを、突破できるだけの理由付けができなかった」

開設から8年後に取材を始めた私が、当時の問題点をあれこれ言うのは気が引けた。あのころ担当していたら、問題点を指摘できていたかと問われれば、全く自信はない。恐らく、誰が取材しても同じような報道になっていたのではないかと思う。

記者たちにあったのも恐らく「命を救え」という正義感だっただろう。

時間がたってから見えてくるものもある。

――聖域化してしまった、と思いませんか。

「それはあると思うよ。報道が甘くなった面はあるなあ。おかしいんじゃないか、とはなかなか言えなくなっちゃった。継続的な批判ができなかったと思うよ。『命を救う』という大義名分があり、それには誰も反対できないでしょう。でも中身は分からない。どういう状況か分からないので、今でも不安な気持ちがあるんだ」

――何が不安ですか。

「善意の裏で、何か見逃しているのではないかという不安があるんだよ。明らかにすべきことを見逃しているのではないか、と考えると怖くてしょうがなくて。後輩の記者から『こんなことが起きていたのに、なぜ何も書いてこなかったのか』と言われるのではないか、という不安を抱えているよ。報道がおざなりになってしまったのではないかって。最近の内密出産の報道を見ると、大本営発表じゃないか」

元部長は、当局の発表通りに伝えた戦時中の大本営発表に例えた。

「内密出産は法的な裏付けがありません」と私が言うと、元部長は「そこ、そこなんだよなあ。法的なところ」と強調した。

「ゆりかごは合法なのか、非合法なのか、あいまいなまま善意が覆い尽くしてしまった感じがするよね。法的に言えば捨て子でしょう。捨て子がいたら、警察はちゃんと捜査しなければならないのに、警察もあいまいなままになってしまったんじゃないかと思うよ。杓子《しゃくし》定規に法律を守れ、という話ではないけれど、報道も緩くなってしまったような気がするよ」

――善意だからですか。

「そう。善意なんだよね。だから緩くなっちゃった。しつこく検証をやるべきだったよ。真っ暗闇の中で分からなくなってしまった。でも、あなたが取材しているように、10年たって見えてくるものがあるよね。10年の検証記事、もっと突っ込んでほしいと思ったよ」

ハンセン病の隔離政策も、強制不妊手術も、出発は善意だった。被害が拡大したのは、メディアが報じてこなかったことも一因だろう。報道しなければ、問題は潜在化する。

「子どもの視点が足りなかったよなあ。出自が分からず、自分が何者か分からないことは、われわれは想像することしかできないけれど、その人の人生にとって大変な負担になるよね。本人が『人生めちゃくちゃにされた』と言うかもしれない。『なんで止めてくれなかったのか』と後々の人から言われるんじゃないかと思っているよ」

元部長は正直に、率直に、真摯に話してくれた。別れ際、「厳しいこと、書いていいよ」と言った。その言葉を聞いて、さすが尊敬する先輩だと思った。

実名報道

赤ちゃんポストの議論が進まないのは「匿名性」によるところが大きい。

36人が亡くなった京都アニメーション放火殺人事件の後、実名・匿名報道の可否が論議を呼んだ。実名報道には批判もあり、昨今の個人情報保護の流れは当然、意識しなければならないが、それでも私たちは実名報道にこだわるべきだと思う。

赤ちゃんポストは匿名で子どもを預かるため、取材は困難である。私は今回、関係者の協力を得て子どもを預けた親、預けられた子ども、預けられた子どもを育てている養親に会うことができた。

取材を通して、行政が発表する「預けられた人の数」だけの報道では不十分だと痛感した。

そこにどんな人がいて、どんな人生を歩き、どんな思いでいるのか。

直接会って話を聞かなければ始まらない。記者はまず、実名をつかまなければならない。その上で、実名で報道するか、匿名にするかはケースバイケースでの判断だろう。

熊本市が設置した専門部会は、匿名の問題点を早くから指摘していた。「容認できない」と言っていた。しかし、メディアが報じた量は専門部会の報告より、慈恵病院の発表の方がはるかに多く、扱いも大きかった。

赤ちゃんポスト設置構想がスクープとして報じられて以降、慈恵病院は常にニュースの発信地となった。

記者はニュースがある病院の取材に熱心に取り組む。メディアにしばしば登場する全国的に有名な病院になった。記者と病院は一種の〝互恵関係〟となった側面がある。

このため、ファクトチェックが十分できなかったのではないかと、私自身、反省している。

私たちは当局が発表しないものを、取りにいかなくてはならない。そして、当事者たちの声を聴かなければならない。

まだ話すことができない子どもたちの声なき声に耳を澄ませたい。

第11章　第2のポスト計画

関西でNPO法人発足

赤ちゃんポストを増やそうとする動きが複数ある。

最初は関西だった。2016年3月、大阪市で「こうのとりのゆりかご　in　関西」実行委員会が発足した。実行委代表は、京都大名誉教授の人見滋樹が務め、小児科医や弁護士、府議など19人が名を連ねた。慈恵病院の赤ちゃんポストに関西からも相談や預け入れがあることから、「受け皿をつくろう」と声が上がった。

発足記念大会に取材に行ったところ、約250人が参加した会場は熱気に包まれていた。

慈恵病院理事長の蓮田太二の講演もあり、「匿名だからこそ救われる命がある」という訴えに、参加者は熱心に耳を傾けていた。

実行委はＮＰＯ法人を設立して、複数の病院に開設を働きかけた。設置を検討している病院に太二が説明に行くという情報を聞いて、私も京都に向かったが、結局設置には至らなかった。

ＮＰＯ法人は17年、神戸市の助産院に赤ちゃんポストを開設する計画を発表した。しかし神戸市は、ポストに預けられた子どもを病院搬送するかどうかなどの判断は医療行為で、助産師が行えば医師法に抵触する可能性を指摘し、開設には医師が常駐する必要があるとの見解を示した。

常駐医師の確保が難しい上、資金面での課題もあることから、関西での赤ちゃんポスト設置計画は断念することになった。代わりに助産院では、24時間態勢で思いがけない妊娠の相談に対応している。

北海道で個人が開設

２０２２年５月、北海道・当別町の女性が「国内２例目の赤ちゃんポストを開設した」

と発表した。女性は公認心理師と獣医師の資格を持つ坂本志麻、48歳。自宅の一画に設置したという。

坂本が運営する「こどもＳＯＳほっかいどう」のホームページには自宅の写真と赤ちゃんポストの場所が示されている。ピンク色の子ども用布団の写真もある。

私は23年4月、坂本に電話で話を聞いた。慈恵病院に赤ちゃんポストが設置された07年ごろ、熊本県に住んでおり、慈恵病院の活動を知って「感動した」という。隣の韓国では教会の牧師が一人でベビーボックスをつくったと知り、「たった一人でもできるんだ」と思い、開設を決めた。

行政には事前に相談しなかった。その理由をこう話す。

「行政に相談したら１００％開設できないと思ったからです。神戸では行政から医師が常駐しなければいけないといわれ、断念した経緯があります。だから後に引けない状態にしました」

「設置した」というものの、行政側との協議もないまま、預けられた子どもの扱いがどうなるのか、不透明なまま始まった。北海道は「安全性が確保されていない」として文書と口頭で繰り返し「自粛」を要請しているが、坂本は応じていない。

坂本とボランティア２人の計３人で運営しているという。運営に不安があるのではないかと問うと、坂本は「慈恵病院との大きな違いは、予約制にしていることです」と言った。ホームページには赤ちゃんポストの説明として「赤ちゃん・お子さんを育てられない方が託せる場所。（無料）」とあり、「利用前に、メールにて預入れ予定日時を教えて下さい」と書かれている。

2児を引き取る

23年4月、坂本が2人の乳児を引き取っていたことが判明する。生まれて間もない女児と、生後数カ月で先天的な障害のある女児を、それぞれの親から直接預かった。

生後間もない女児の実母からは妊娠中に相談を受け、出産した医療機関に坂本が迎えに行ったという。家族でなければできない手続きがあるため、まず実母と坂本が養子縁組して、赤ちゃんの出生届を出した。祖母となった坂本が赤ちゃんと養子縁組して養母になった。

「実母の籍にいったん入りましたが、すぐに私の籍に入れました。法律の枠内で対応しました。私が育てます」

この後、坂本はインターネット番組『ABEMA Prime』に出演し、養育に関して「子どもにとっての幸せが第一優先なので、私が養育することがベストであれば喜んでする。そうではなく、実親さんの状況が整って育てたいと言われるのであれば、子どもの幸せを願ってそのようにしたい」と答えている。

児童相談所やあっせん機関など第三者が関与しないまま、個人的に子どものやり取りをするのは危うさを感じる。

この実母は行政から児童福祉法に基づき、特別な支援を必要とする「特定妊婦」に認定されていた。地域の保健師らから育児の支援を受けることもできたが、頼ったのは坂本だった。

「行政は見守りと言いますが、本人からすれば監視されていると受け取ってしまい、息苦しくなってしまうこともあるようです」と坂本は話す。

障害のある子どもの親は関東地方に住んでおり、葛藤を抱えて連絡してきたという。この子は実親の戸籍に入ったままだ。

その子も育てるつもりなのかと聞くと、「医療が必要なため、対応できる施設がいいのか、里親のもとで育つのがいいのか、医師の判断を待っています」と話した。

預けられた子どもに障害があると知ったとき、「こどもＳＯＳほっかいどう」のホームページを思い出した。中にある動画には、「障がいの赤ちゃんや、育てられないお子さんを置かれて下さい」という文字があるのだ。

「もう無理、というときには引き受けますよ、というスタンスです。そういう場所があるなら、もう少し頑張ってみようかな、と思ってもらえるでしょう。困難を抱えた人の受け皿になりたいです」

障害児を「置かれて下さい」というのは、倫理面で問題があるのではないだろうか。

子どもが置き去りにされれば保護責任者遺棄罪の疑いとして警察が捜査する可能性があることや、親はネグレクト（養育放棄）として虐待認定されることも、坂本は知っていた。

「直接手から手に引き取れば、問題になりません。警察の捜査対象にならないよう、親が虐待認定されないよう、考えています」

手から手に引き渡すことは、匿名で預かる赤ちゃんポストの概念とは違うが、坂本は「安全性を確保するための、私なりの赤ちゃんポスト」と説明する。

事前連絡せず、匿名で子どもを置いていくケースがあればどうするのか。

「まず消防に連絡して救急搬送を依頼します。名前もなく、保険証もない子どもの診療は医療機関から拒否されてしまう可能性がありますので、児童相談所にも連絡します。要保護児童となれば、行政から支援を受けられますので、医療機関も安心して診察することができます。その上で棄児（捨て子）として警察に連絡して、行政から一人戸籍を作ってもらうことになります」

行政との事前協議はしなかったが、匿名で預けられたら結局は行政が対応せざるを得ない。

「行政には力をください、とお願いしています。支援サービスが１００あれば、99は行政が担いますが、１は民間の力が必要だと思っています。その１が欠けては成り立たないと思うのです」。そう強調する。

法的な位置づけがないため、行政は自粛を要請しても強制力はない。独自に個人が「設置した」と言えば通る状況は今後も続くのだろうか。

東京では医療機関が計画

東京でも赤ちゃんポスト設置の動きがある。

江東区を中心に小児科、内科、皮膚科など五つのクリニックを経営する医療法人社団モルゲンロートが22年9月、設置計画を発表した。24年をめどに新しく産科クリニックを開業し、赤ちゃんポストとともに内密出産も受け入れるとしている。

同社団のホームページを見ると、開業は２０１０年だ。「働くパパ・ママを応援するクリニック」として平日は午後9時まで、土曜日曜祝日も診察をしている。千葉県柏市にも開業の計画があるほか、ベトナムでもクリニックを運営している。

ホームページには「挑戦」という言葉が繰り返し登場する。チャレンジ精神にあふれるという印象だ。

赤ちゃんポスト設置計画について、当時の江東区長、山﨑孝明は懐疑的だった。

11月16日、定例記者会見で赤ちゃんポストについて問われ、「非常に難しい問題がある。赤ちゃんを産んでポストに入れていけば、誰かが育ててくれるだろうと。こういう考え方というのが果たして広まっていいのだろうかという風に思います」と述べた。

「お母さんが1人で、とんでもないところで出産してしまう」「赤ちゃんにとってみれば、出自、自分の出生のことについて知りたいということに対して、きちんと知らせるべきであろうか。そういう非常に難しい問題もあります」と懸念を示した。

慈恵病院がいろんな問題を提示したが、「国は何の法整備もしてこなかった。これは問題です。国に対してやはりそういった強い働きかけをしなければいけないと思います」とも述べた。

賛成派区長が誕生

山﨑は5期目を目指して立候補したが、区長選直前の23年4月に死去した。長男の都議が後継として出馬したが、元自民党衆議院議員の木村弥生が当選した。木村は、赤ちゃんポスト設置構想を全面的にバックアップすると表明していた。

当選後、オンラインで会見した木村はこう述べている。

「子どもの小さな命が、結局闇に葬られて日の目が当たらないという、現状を何とかしたいという思いがあって、でもそれ（赤ちゃんポスト）を、どういうふうに江東区版でやっていくかというところは、やはり肝を入れてやっていきたい」

「『赤ちゃんポスト』を作ることが最終ゴールではない。望まぬ妊娠で自分を傷つける母親や、命を絶たれる子どもを1人でも少なくすることが使命」

私は医療法人社団の理事長、小暮裕之に直接取材をしたいと考えた。

秘書の山村嘉奈栄あてに、うかがって取材したいことを伝えた。

山村からの返信には、日時は「5月11日11：00〜11：30」とあった。午前中の取材のため、前日に上京することにした。

10日、確認のため山村に電話をかけた。すると「ズームでいいですか」と言う。既に東京に来ていることを伝え、予定通り対面での取材を頼んだ。しかし、夜になって「どうしても時間が取れないので、11時に事務所に来てもらってズームでお願いしたい」と言われた。指定された日時に合わせて上京したが、ズームでの取材になるとは思わなかった。

仕方なく、11時前に事務所のあるマンションを訪問した。山村は「まだ理事長は忙しいので」と言い、ズームにつないだのは11時15分になってからだった。時間は30分までの15分しか取れないが、「私が答えられる分は答えます」と言うので、山村への質問から始めた。

「虐待をなくしたい」

――赤ちゃんポストと内密出産を始めようとしたきっかけは何だったのでしょうか。

山村「小暮が小児科医として大学病院や総合病院に勤務していたとき、虐待された子どもを診察したことがきっかけです。虐待をなくしたいという思いで、5年くらい前から赤ちゃんポストを設置したいと言っていました。内密出産に関しては、蓮田先生と同じ考えで、赤ちゃんポストでは根本的な解決にはならないので、内密出産もしたいと考えました」

――どんな構想なのか、教えてください。

山村「２０２４年の秋に開設を予定していて、まずは5年以内に0歳児の虐待死を減少させたいという構想です。ゆりかごの必要ない社会をめざしたいというのが最終目的です」

――具体的に産婦人科医が決まっているのですか。

山村「そこはちょっとまだふわっとしています。採用のためどんどん声かけはしています。ただ、（病院を開設する）土地がまだ決まっていません。オフィスビルは多くありますが、有床の産科を開設する場合、救急車も来るためビル側も態勢を整えたり、用途変更したりする必要があります。それは避けたいと、オーナーから結構断られています。そこでつまずいています。当初開設する予定だった場所がありましたが、間口が狭いと言われ、できなくなりました。隣の土地が空きましたが、急に家賃を高くすると言われてしまいました。土地探しと、産科の先生探しを同時に進めています」

　赤ちゃんポスト計画発表から8カ月たつが、土地も、産婦人科医も、まだ決まっていなかった。

――慈恵病院は子どもを預かるというより、相談を受けることを重視しています。相談体制はどうするのでしょうか。

山村「ＮＰＯ法人と連携を取ります。18床のクリニックなので、そんなに大きな病院ではありません。持続可能なものを東京で確立させて、全国に広がるようにしたいと考えています。病院だけの話では収まらないので、みなさんでやりたい。どこのＮＰＯになるかは未定です」

――行政との協議はどうでしょうか。

山村「赤ちゃんポスト全面バックアップという政策を掲げた木村さんに賛同の声が集まり、区長に当選しました。江東区には相談していて、協力すると言ってもらっています」

「産んだ母にリスペクトを」

11時15分になり、小暮とズームでつながった。

――虐待防止のために赤ちゃんポストを設置したいとのことですが、赤ちゃんポストに子どもを預けた親はネグレクト認定を受けます。子どもを置き去りにすることそのものも虐待に当たりますが、どう考えますか。

小暮「僕、その事情ちょっとよく分かっていないです。もう少し詳しく教えてもらえませんか」

――子どもを置き去りにすることは、児童福祉の観点から言うと、ネグレクトという虐待に当たるということです。
小暮「その視点より、そもそもなぜ自分で育てることができない状況に追い込まれているのか、そこが大事だと思います。その結果、母だけが責められていいのか、と思います。少子化だけでなく30年ほど前から少母化になっています。少母化の状況の中で、産んだ母をもっとリスペクトしなきゃいけないと思います。ネグレクトになることをどう思うか、ではなく、ネグレクトにしないため、どうしたら困っているお母さんたちが困らずに済むのか、そこに焦点を当てるべきだと思います」

　その通りだと思った。ただ、赤ちゃんポストに匿名で子どもを置いた場合、母親が何に困っているのかはわからないままとなる。

——赤ちゃんポストに匿名で子どもを置いていったお母さんのその後のケアができないという声があります。産後うつのリスクもあります。それについてはどう考えますか。
小暮「実は発表できない内容なのでまだ言えないんですが、熊本の赤ちゃんポストと違うことをやろうとしているんです。自分たちだけではできないから、多くの官民連携でやっていかなきゃいけないと思っています。困っているのは、ポストに預ける親たちだけではありません。４分の１の人が産後うつになって、（産後1年未満の女性の）死因の１位は自殺です。母が追い込まれて孤独になっている現状は尋常ではないと思っています。だからポストに預けるお母さんだけに焦点を当てているわけではないんです。あくまでもゴールは虐待がなくなることです。ポストは赤ちゃん救命のためのただの一手段です。枝葉の部分で考えるより、出産育児がしやすい社会をつくっていきたいと考えています」

――熊本では１６１人預けられていて、身体的虐待の痕跡のある子どもは１人もいません。虐待を受けた子どもをポストで救えるとお考えでしょうか。

小暮「どうだろう。それもあるかもしれないですね。認知度が高まれば、既に虐待されている子どもの逃げ道になる可能性もあるかもしれないと思います」

「ポストで解決」は古い考え

――虐待する親は、ポストがあれば子どもを預けにくると思いますか。

小暮「虐待する親が子どもを手放すかどうか、ということですか」

――そうです。

小暮「うーん、どうですかね。それはわからないですね。児童相談所が介入した後、自分のところで育てるといって、だいたいのパターンでは親元に戻りますからね。どっちがどうというのはわからないですね」

——赤ちゃんポストのモデルとなったドイツでは、倫理審議会で遺棄や殺人の回避にはつながらないという結論が出て、廃止が勧告されています。

小暮「そこの事情はまだ理解不足だからよくわからないけど、ポストで解決しようとする考えが古いんだと思います。ただの一手段ですよ。そこにフォーカスするとうまくいかないと思うんですよね」

　わからないことをわからないと率直に言うのは正直だと思った。赤ちゃんポストをこれからつくろうという人が、ポストで問題を解決しようとする考えが「古い」というのは矛盾しているようにも思えた。

——ポストをシンボルとして困っているお母さんたちに光を当てるということですか。

小暮「シンボルでもなく、ただの一手段です。（産婦の）死因の1位が自殺ということにフォーカスを当ててはどうだろうと思います。それは相談事業で何とかなる、ではないんですよ。相談できたら自殺が減るかといえば、そうではないと思います」

——どんな背景があると思われますか。

小暮「もちろんそれぞれだけど、少なくとも孤立です」

　この後、小暮は政府の予算の使い方について気になる点を述べた。

——熊本市では検証するための組織がつくられていて、そこでは子どもの出自を知る権利が保障されないことや、赤ちゃんポストに行こうとして孤立出産に臨んでしまう女性がいることが問題視されています。
小暮「そこはまだ理解不足なので。今死んでいる命をどうするの、というところにフォーカスしているのであって、フォーカスしているポイントが僕と違う感じです。虐待で亡くなっている子どもが毎年60人とか70人とかいるわけじゃないですか。そこにフォーカスしているんです、僕は」

「行動することが必要」

――熊本市の検証報告書はお読みになられましたか。

小暮「いろんな書類には目を通していますが、僕が読んだ文書が検証報告書という名前だったかは、覚えていません。出自がどうとか、ネグレクトになるとか、僕はあらゆる反対派の意見は認識しているつもりです。でも、しゃべれない赤ちゃんの命に勝るものはないんですよ。命を助けることに勝る否定派の意見は今のところ見つかっていません」

――赤ちゃんポストの議論をきっかけに、お母さんをリスペクトしようとか、子どもをもっと大切にしようというメッセージを送りたいということでしょうか。

小暮「そのメッセージを送ったところで何も変わらないので、行動することが必要だと思います」

——赤ちゃんの命を守りたいというのは、賛成派も反対派も共通していると思います。

小暮「別の方法で命を助けることができるのなら、やってよ、と思います。行動しないで評論家になって意見だけ言うのは、なしにしてほしいです」

次の質問をしたところで11時30分となり、「それは私の方で回答します」と山村が引き取ってズームは打ち切られた。小暮への問いと答えはうまくかみ合わないところがあったが、そのまま記した。

私が最後に質問したのはこんな内容だった。

「熊本では外国人の子どもも預けられているんですが、東京で開設されると外国人の子どもが結構来るかと思いますが」

山村はこう答えた。

「そこはこちらも問題視しています。江東区だけではおさまりきれないので、東京都、政治家の方とも話をしています。国の問題なので、法改正が必要な部分かもしれません。当院だけで解決はできないのでこれからという感じです」

——ドイツでは赤ちゃんポストに廃止勧告をした上で内密出産を制度化しました。なぜ赤ちゃんポストと内密出産の両方をやるのでしょうか。

「慈恵病院と同じ考えです。赤ちゃんポストだけでは解決できないので内密出産もするということです。赤ちゃんポストや内密出産は手段の一つです」

計画では２０２４年秋に設置するとしているが、１年半でクリニックの場所と産婦人科医を確保し、さらに相談を請け負うＮＰＯが見つかるのだろうか。しかも24時間常駐させるなら、５～６人は医師が必要だろう。

18床の小規模クリニックに医師を５人置くのは多いように思えるが、24時間医師が常駐することは安全確保のために必要な条件だ。安全が確保されていない場所に子どもを置くことは、保護責任者遺棄罪になりかねない。

ちなみに小暮は産後うつになる人が「４分の１」と言ったが、日本産婦人科医会によると罹患率は約10％である。

「内密出産と養子縁組は別の事由」

周辺の相談機関はどう受け止めているのだろうか。

江東区で予期せぬ妊娠や養子縁組に関する相談事業をしている一般社団法人アクロスジ

ャパンの代表理事、小川多鶴を訪ねた。小川は米国など海外の事情にも詳しいケースワーカーだ。

内密出産が話題になってから、「そちらの病院でも内密出産できますか？」という相談が寄せられるようになったという。小川はこう話す。

「相談者の話をきちんとお聞きした上で、養子縁組制度を説明して、根本的な問題への解決方法などを提案していくと、『養子縁組が成立したら自分の戸籍から子どもの名前は消えるんだ』『内密出産でなくても私の心配していたことが解決できることがわかった』という人がほとんどです。子どもを育てるための社会資源や公的な支援があることを知って、自分で子どもを養育することにした人もたくさんいます」

妊娠して困っているから子どもを養親に託したいと思っている女性がいるが、「内密出産と養子縁組制度を利用することとは別の事由」だと指摘する。

「内密出産と子どもの養育が難しいことがごっちゃになっている状態です。自分がなぜ、妊娠・出産によって困るのか、その原因は何なのか、整理整頓が難しくなっています」

妊娠したが子どもの存在を明かせない、という悩みは「主」ではないという。

「何らかの原因によって、子どもを育てることができないとお考えになります。何が問題なのか。例えば相談者自身が親子不和によって助けを求める人が周りにいなかったり、経済的貧困だったり、ＤＶや虐待の被害者だったりする場合、それらの解決が必要です」

　中には妊娠・出産に関する知識が浅く、出産予定日になるとポンと子どもが生まれると思っている人も少なくない。その程度の知識しかない女性が予期せぬ妊娠をした場合、内密出産というキーワードを知り、こんな話をするという。

「じゃあ予定日が来ておなかが痛くなったらその日に病院に行けばいい」

「生まれたら子どもはそこに置いていって、自分の人生にこの子どもは『いなかったこと』にできるし、匿名だから親にもばれないし」

　小川は「性教育が十分ではない現状も問題だと思います。実際の分娩は命懸けであり、さまざまなリスクが伴います。妊婦に合併症などがあった場合、ほかの医療機関に搬送されることは珍しくありませんが、匿名で緊急搬送を受け入れる病院はまずありません。妊婦や子どもの生死にかかわる場合に家族にも連絡できない分娩の受け入れは、どの医師も躊躇《ちゅうちょ》するのは当然です」と話す。

　さらに「今この時代から、赤ちゃんポストを設置しようとしている先進国はどこにもありません」と指摘する。既に述べた通り、赤ちゃんポストはドイツで廃止が勧告され、国連子どもの権利委員会は子どもの権利条約違反としている。

「本来産んだ人が子どもを安心して育てていけるように努力をすることが国の責務です。

母子を分離させることは最善だったとしても、決していいことではありません。その妊婦の困っていたことが解決でき、自分で子どもを慈しんで育てることができるようになれば、それが一番いいことであるのは明らかだと思います」

検証の大切さを繰り返した。

「育てられない、と悩む方がいる場合、なぜ育てられないと思うのか、その原因は何なのかを、私たち支援者は検証し続けることが必要です。もともとの原因を取り除き、解決するためには、本人が自分の現状や問題を理解し、自分がどうありたいのか認識できるようにすることが大切です。社会福祉には検証が欠かせません。常に社会で起きる事由を検証して、問題が問題でなくなるよう、どう社会を変えていくのか、考えることが大切です」

赤ちゃんポストや内密出産が話題になることで、相談援助に関わる人たちが翻弄《ほんろう》されているのではないかと私は感じた。

「内密出産できますか」という相談に対して、小川は「できません」で終わらず、何に困っているのかを聞き取っていき、支援につなごうとしていた。さらに子どもを養親に託した後の実母に対する支援も続けていた。予期せぬ妊娠で「困った」と思っても、そこから支援につながれば、人生を変えていけるチャンスにもなりうると思った。

終章　真実告知

告知は18％

２０２３年４月、熊本市児童相談所は慈恵病院の赤ちゃんポストに預けられた子どもを育てる養親や施設に、出自の告知について聞いた初の実態調査の結果を公表した。

赤ちゃんポストに預けられたことを告知していたのは、18％にとどまっていた。

告知していない82％のうち、告知を「検討している」としたのは27％、「現時点では検討していないが、考えていきたい」42％、「検討していない」19％、「どうしてよいのかわからない」12％だった。

この数字について、慈恵病院長の蓮田健は記者会見で「衝撃的な数字でした。それだけにゆりかごのお子さんを育てている大人の方々の苦悩や負担が大きいのだと感じました」と述べている。

熊本市と慈恵病院は5月、出自を知る権利を議論する検討会を共同で設置した。赤ちゃんポスト開設から16年たってようやく、真実告知がクローズアップされてきた。

「いかなる場合も真実を伝えなければならない」。私は遺伝性疾患の取材を通して、こんな確信を得ていた。少し個人的な話になるが、最後に述べたい。

私が取材していたのは遺伝性疾患の一つで、ＦＡＰ（家族性アミロイドポリニューロパチー）という難病だ。

ＦＡＰは、両親のどちらかが病気の遺伝子を持っていれば、2分の1の確率で遺伝する。遺伝すれば、30歳前後で発症し、肝臓で作られる異常なタンパク質が全身にたまって体の機能が徐々に失われていく。最後は寝たきりとなり、発症から10～15年で亡くなることが多い。熊本と長野に多いとされる。

「泣いたって息子は帰ってこんたい」

入社して5年たった１９９８年5月、医師で作家の永井明から電話がかかってきた。私は永井と面識があった。

「今、熊本のホテルキャッスルにいるんだけど、ちょっと来ることはできませんか」

日曜日の夕方、私は取材中でも原稿執筆中でもなく、資料を読んでいるところだった。

「すぐ行きます」と言って駆けつけた。

ホテルのロビーに入ると、手を振る永井が見えた。横にくりくりした目の女性がいる。

「ＦＡＰの患者さんで藤本由香さんです。ＦＡＰは熊本に多い難病だから、熊本で新聞記者をしているなら、ＦＡＰを取材してほしいと思ってね。新聞で取り上げて、光を当てることは大切です」

横で、藤本が「いつでも取材に応じます」とはきはきした口調で話した。仕事は保健師という。永井と藤本は、医療に関するシンポジウムで知り合ったという。

ＦＡＰは熊本県の中でも北部に多い。その地域を管轄する荒尾支局に電話を掛けたところ、私と同期入社のＫが「この病気の患者は貝だよ。貝のように固く口を閉ざしている。

正直言って、取材は難しいと思うよ」と言った。そしてこう続けた。

「どうしても取材したいなら、ある女性を通すしかないんだけど」

その女性の名前は志多田《しただ》マサ子という。

「どうしても会いに行きたいなら」と言って、荒尾市民病院の待合室で患者家族が集まる日時を教えてくれた。

その時間に病院に行ってみた。待合室に5、6人が集まっている。70代と思われる女性に声を掛けた。「志多田さんという方はいらっしゃいますか」

「ああ、志多田さんなら今病室にいて、もうすぐここに来られますよ」

そう教えてくれた女性の隣に座って、しばらく待つことにした。するとその女性が「志多田さんとは長い付き合いです。私の主人がＦＡＰだったので、随分世話になりました」と話し始めた。女性はＦＡＰだった夫を亡くした上、30代だった2人の息子も同じ病気で相次いで亡くしたという。

「長男は亡くなる前、孫ば抱かせてやれんでごめんねと繰り返し謝りました。弟の方はきっと病気じゃなかと思うけん、孫のできるばい、と言いながら亡くなりました。でも、3年後に弟にも病気が遺伝していたことが分かったんです」

女性はポロポロと涙を流した。

「主人を亡くしたとき、実家の母が『10年もたてば笑えるときがくるよ』と励ましてくれました。でも10年もしないうちに、２人産んだ息子が同じ病気で亡くなってしまうなんて……。孫もおらず、この年で一人ぼっちになってしまうなんて……」

話を聞きながら私も泣いていると、「あんたたち、なん泣きよっとね。泣いたって息子は帰ってこんたい」と威勢のいい声が飛んできた。

うっすらと茶色が入っためがねをかけた奥の目が、ちらりとこちらを見た。志多田だった。

志多田は喫煙コーナーに座り、ゆっくりとたばこを吸い始めた。

私が自己紹介すると、「本社から女？　わざわざ来んでよか」と言った。荒尾市は、福岡県大牟田市との県境にあり、熊本市からは車で1時間半ほどかかる。

志多田に「来んでよか」と言われ、取り付く島もない。戸惑っていると、「遊びに来るなら、来てもよかよ」と言われた。

私は言葉通りに「遊びに」行った。仕事が終わってカメラもノートも持たず、志多田の家に行き、一緒にテレビを見ながらおしゃべりしたり、ご飯をご馳走になったりした。

自宅に通ううち、少しずつ自らの人生を話してくれるようになった。

そして1年後、「患者会の旅行があるけど、参加する？」と言われた。やっと患者の取材が許された。

「ひっそりと生きていくしかない」

志多田は10人きょうだいの末っ子として生まれた。次女を出産した１９６９年、30～40代だった兄姉たちが次々と原因不明の病で倒れ、看病に追われるようになった。

「次は自分の番かもと思うと、不安でたまらなくてね。その不安を感じないように、看病に明け暮れました」

やがて、志多田は近くの病院に似たような症状の患者がいることに気づく。そうした患者たちの世話もするようになった。

病気は特定の家系だけに発症したため、「前世のたたり」などと言う人もいた。

病気の原因が判明したのは１９８３年だった。熊本大の研究チームが原因遺伝子を特定した。

「前世のたたり」ではないことが証明された一方、親から子へと伝わる病気だと分かったことは、患者家族に新たな苦悩をもたらした。病気の家系だと分かると、本人が発症していなくても縁談が壊れていった。差別を恐れ、患者家族は病気をひたすら隠すようになる。

病気が多発したAという姓をとって「A病」などと言われることもあった。母親の旧姓がA姓という裕子（仮名）によると、「A家の人たちは、親戚の冠婚葬祭に出席するときも、袋に姓は書かないでと言われていたんです。小さくなってひっそりと生きていくしかありませんでした」

裕子はそう話していた。

患者の世話に明け暮れていた志多田に転機が訪れたのは１９８７年、熊本市で開かれたアミロイドーシスの国際学会だった。志多田はスウェーデンから来た同じ病気の患者を見て驚く。

「自分はＦＡＰだとみんなの前で言うなんて。しかもスーツを着てバリッとして堂々としていたんです。同じ病気だから下痢もあるでしょう、と聞くと、おむつしていますよ、とさらっと答えた。私たちは病気を隠すものだと思っていたので、びっくりしました」

志多田は「自分たちも何かしよう。患者たちが生きた証しを残そう」と、文集作りを思い立つ。患者家族に生活の様子や悩みなどを原稿用紙に書いてもらい、コピーしてホチキスで留めただけの簡素な文集だった。

患者がいるとみられる家を一軒一軒回り、渡した。「うちにはそげん患者はおらん」と門前払いされたこともあった。やっと家に招き入れられても、乗って来た自転車を隠された。

「ああ、不安なんだなって。うちも同じ不安を抱えているから、よく分かる。うちも同じなんだよって伝えたかった」

裕子も、入院先の病院で志多田に声を掛けられた一人だ。

「あんたげんばあちゃんな、花ばよう植えよらしたもんね」（あなたのうちのおばあちゃんは、花をよく植えておられましたね）

裕子はこの言葉を聞いて背筋が凍るような思いをしたという。

「私の祖母を知っているということは、私がこの病気の家系と知っているということです」

「よかったら読んで」と、志多田に文集を渡された裕子はその場で開いた。

「本当にびっくりしました。病気のことは話してはならないと思っていましたが、文章にしてほかの人に見せるなんて。それに、私と同じように苦しんでいる人がいる、つらいのは私だけじゃなかったんだと知りました」

志多田は、病気を隠し続けてきた患者家族を少しずつつないだ。体の弱った患者がいると難しい旅行も企画した。医師や看護師の協力も得て年に1回、温泉旅行に出掛けた。

病気を苦に自殺した人もいる。その人は医師だった。志多田はこう話す。

「家族の中で病気が秘密にされ、遺伝の可能性を知らされないまま大きくなり、発症して突然告げられるとショックが大きいんです。小さいころから病気になる可能性を知り、自分だけじゃないと知っておいてほしい。困ったときに相談し、助け合える関係を子どものころからつくっておけたらいいと思います」

さらに、「自殺を考えるのは、病気のつらさより、その人を孤独にさせているから」と言った。

「病気を秘密にしたことで、よかったことは一つもなかった。特に家族の中で秘密を抱えれば、うまくいかなくなるんです。秘密を抱えた方も安心できず、話してもらえなかった方はうそをつかれたと不信感を持ちます。家族の中で、秘密を持っちゃいけない」

この言葉は、難病患者だけに当てはまる問題ではない。赤ちゃんポストを考えるとき、「秘密にしてよかったことは一つもない」という志多田の言葉を思い出す。

ポストに子どもを置いた親たちは、人に言えない差し迫った問題は回避できたかもしれないが、「産んだ子を黙って置いていった」という新たな秘密を抱えてしまったのではないだろうか。その秘密を誰にも言えず、一人で苦しんでいるのではないだろうか。

「生まれてきてはいけない命はない」

この病気を取材する中で、進歩する医療技術が生命の倫理を揺るがすこともあると、思い知った。着床前受精卵診断技術もそうだ。体外受精させた受精卵の段階で、病気の遺伝子があるかどうか検査し、遺伝子のない受精卵だけを女性の体に戻し、妊娠・出産する方法だ。

重篤な遺伝病は、この診断の対象になる。

長男を出産後にＦＡＰを発症し、肝臓移植を受けた智美（仮名）は、医師からこう告げられたという。

「２人目を考えてもいいころですね。受精卵診断という技術があります」

小柄で童顔の智美はいつもニコニコしているが、受精卵診断について話すときは、笑顔が消え、真剣な表情だった。

「長男は自然に妊娠・出産したので、もしかしたら病気が遺伝しているかもしれません。２人目は病気の可能性がないと分かれば、夫も夫の両親も安心できると思いました。でも、もし私の母の時代にこの技術があり、母が使っていたら私は生まれてくることができませんでした。私は生まれてこない方がよかったなんて、考えたくない」

　気迫に満ちた表情で、こう続ける。

「息子には、病気が遺伝していなければいいなと願っています。でも、誰だって、病気になることがあるじゃないですか。障害者になる可能性もある。それなのに、病気の遺伝子を持っている人は、最初から生まれてくることさえできないんですか。生まれてきてはいけない命なんてない」

「でも正直に言って」と智美は続けた。

「私がもし、病気の当事者でなければ、受精卵診断を受けたかもしれません。でも病気になったのは私なんです。だから、どうしてもその技術を使うことができないんです」

　智美はその後、自然に妊娠、元気な男の子を産んだ。病院に駆けつけると、智美は晴れやかな表情だった。生まれたばかりの次男にこう声を掛けた。

「生まれてきてくれて、ありがとう」

　私は２０００年、ＦＡＰに関する連載を書いた。裕子の取材で、湯飲みを持った手を撮影させてもらった。私がその写真を見せると、志多田は怒りだした。

「あんた、これ、遠慮がちに撮ったでしょう？　なんで遠慮すっとか。遠慮せんでよか。

この病気の厳しさ、つらさ、苦しさば伝えてくれんね。もっと近寄って、骨と皮だけになったことが分かるように撮らんか。あんたは、きれいごとじゃなか事実ば伝えてくれんね。新聞記者でしょうが」

このときの志多田の鬼のような形相を、私は忘れることができない。「きれいごとではない事実を伝えろ」。志多田の言葉を、私は胸に刻んだ。

志多田は14年2月、多発性骨髄腫で亡くなった。73歳だった。


「隠さなくてもいい」


ＦＡＰに関する連載を書いたとき、最初に紹介された藤本由香のことは書かなかった。藤本は実名を出すことを望んでいた。

「病気のことは絶対知られたくない」人や、病気の可能性を知らされていない人もおり、実名で書くと、結果的に記事で告知することになってしまう人がいるかもしれないと考えた。当時、藤本の息子は保育園児だったこともあり、迷い、悩んだ。

連載に患者の名前は一切出さなかった。実名を望んだ藤本のことを書く勇気がなかった。15年、熊本市で開かれた難病関係の研修会で、藤本によく似た女性を見かけた。くりくりした目。話すときの身ぶり手ぶり。ピンクのスパッツ。間違いないと確信し、声を掛けた。

「藤本さんですよね。以前、永井さんに紹介してもらった――」と言ったところで、「あっ、森本さん。覚えていますよ。元気でしたか？」と明るく話してくれた。

ＦＡＰの原因となる異常なタンパク質は主に肝臓で作られるため、藤本はオーストラリアで肝臓移植を受け、20年がたとうとしていた。異常なタンパク質は目でも作られる。目の症状は進み、ぼんやりとしか見えないという。

「視力は落ちたけれども、まだ元気はあります。私たちが病気を公にして訴えなければ、病気の理解は得られないと思うんです。隠さなくてもいいんです。だって私たちは、悪いことは何もしていない」

以前と同じ言葉だった。このとき、実名で書こうと決心をした。藤本と知り合ってから17年が過ぎていた。

「悪いことは何もしていない」

藤本のこの言葉を思い出したのは、赤ちゃんポストに置かれた子どもたちが入所することがある熊本乳児院（熊本市）の傘《からかさ》正治の話を聞いたときだ。傘はこう話す。

「親が育てられなかったことは、子どもには何の責任もありません。子どもたちは悪くないんです」

傘は2017年、産前・産後母子支援事業に乗り出した。

「ポストに置かれた子どもたちを通して、子どもが生まれてから対応するのではなく、妊娠期からの支援がいかに重要かと、痛感しました」

同事業は厚生労働省が17年度に始めた。

生後間もなく虐待で死亡する子どもの背景には、母親の予期せぬ妊娠や妊婦健診未受診があるとみて、行政の窓口ではなく、妊婦や養育困難な家庭と接することが多い産科医療機関や福祉施設にコーディネーターを置き、相談しやすい体制を整えることを目指す。

乳児院がこうした事業に乗り出すのは、全国でも初めてだったという。保育士がコーディネーターとなり、妊娠・出産に関する相談を電話やメールで受け付ける窓口を開設した。

熊本市の福田病院もモデルの指定を受けた。

福田病院は13年、医療法人として初めて特別養子縁組のあっせん事業を始めた。16年には母子サポートセンターを設置した。虐待防止のため、問題を抱えた妊婦を早期に把握し、支援につなげるよう取り組んでいる。

厚労省は17年度、産前・産後母子支援事業に全国7施設をモデル指定した。このうち、2カ所が熊本県内となった。慈恵病院のほか、熊本市と熊本県も妊娠に関する相談電話を設けており、妊娠・出産の相談態勢が国内で最も充実した県ではないかと思う。

関係者はこう打ち明ける。

「赤ちゃんポストに預けられる子どもたちを見て、熊本の医療や福祉関係者は危機感を持っているんです。このままではいけない。親がポストに行ってしまう前に、何とかしなければと思っています。何らかの支援があれば、自分の手で育てられる場合もある。支援策を知らないのは親にとっても不利益です」

赤ちゃんポストが設置されたことで、相談態勢の充実につながった側面がある。この本ではポストの問題点や疑問点を書いてきたが、そこは認めたい。

乳児院の傘は「子どもを手放すのではなく、育てるための支援です。子どもが生まれてきてよかったと思えることが目標です」と話す。

さらにこう言う。

「子どもの頃、施設にいたことや、養親のもとで育ったことを人に話せるようになるといいと思います。赤ちゃんポストに入れられたことも、言える社会にしたい。子どもたちに堂々と胸を張って生きてほしいと願っています。子どもたちは何も悪くないんですから」

社会のゆがみ

熊本県が設置した最初の検証会議から委員を務める関西大教授の山縣文治は、「赤ちゃんポストを通して社会の問題が浮き彫りになりました」と指摘する。

特徴の一つとして、初期から病気や障害のある子どもが預けられていることだ。

「親に対する支援が足りないという証しでしょう。丁寧な情報提供や支援があれば、預けずに済んだ人もいると思います。赤ちゃんポストに障害児が預けられていることを問題視するだけではなく、もっと障害者が置かれている現状を丁寧に見ていく必要があると思います」と話す。

専門家として赤ちゃんポストに関わってきた山縣は、「子どもを大切にする社会にする必要があると感じます。まずは隣にいる親子を優しいまなざしで見てほしい。子育てをしている人に優しい社会にしていかないと、問題は解決しません」と述べる。

山縣が社会のゆがみとして例示するのが、シングルマザーへの偏見である。

「妊娠は女性の責任だと思われがちですが、男性の責任だと社会の意識を変える必要があります。シングルマザーに、相手側の男性の責任を問う声は少ない。むしろ、結婚していないのに（なぜ産んだのか）、とでもいうような視線を母親に向ける。ひとり親に対する偏見があると思います」

赤ちゃんポストは、そうした社会を変える契機にもなり得たはずだ。しかし、そうならなかったと山縣はいう。

「慈恵病院が投げかけた石に対して、もっと国やマスコミが議論すべきでした。しかし、マスコミ各社はセンセーショナルに報じただけで、その背景に光を当てられなかった。結果、世間は動きませんでした。今では、マスコミは美談として扱うだけでしょう」

ポストへの賛否はさておき、本来、「子どもの権利という視点で考えるべきテーマ」と指摘する。

「出自を知る権利だけでなく、母子のトータルな人権という観点から考える必要があります。人権がからむ重要な問題なのに、国も議員も逃げています。誤解されているようですが、私は赤ちゃんポストに反対しているわけではありません。設置を認めるなら、法律を整備してルールを作るべきです。社会の中で、赤ちゃんポストを議論していくことが必要です」

赤ちゃんポストの背景にある社会的な問題こそ逃げずに議論すべきだ——。

それは、私にも向けられた言葉だと思った。

あとがき

出版前に、ある関係者から「〝真実〟とタイトルにつけるほど、あなたはまだポストのことを分かっていない。取材が足りない」という声が寄せられた。その通りかもしれない。国内ではできる限りの取材を尽くしたつもりだが、本来ならドイツに足を運ぶべきだったかもしれない。

それでも「真実」というタイトルにこだわりたかった。終章で紹介したが、私にとって記者の原点は遺伝性疾患ＦＡＰの取材だ。ＦＡＰと赤ちゃんポストは私の中でずっと別個のものだった。だが、ある医師のブログで遺伝性疾患とポストを並べ、「子どもの知る権利」について言及している記述があり、共通点があることにハッとした。

ＦＡＰ患者にとって母であり、姉でもあった志多田マサ子さんの言葉を思い出した。

「真実を見極めろ。事実を伝えろ」

聞いたこと、見たことをありのまま伝えよう。そしてよろいを脱いで、私の弱さも恥もさらけ出そう。そう思うようになった。

いや、正直に明かそう。

本書を出すことで人を傷つけてしまうのではないか。多くの人を敵に回し、集中砲火を浴びるのではないか。大切な取材先との関係が悪化し、同僚たちに迷惑をかけてしまうのではないか。本書を書き終えた今、私は大きな不安の中にいる。

赤ちゃんポストの取材は当初、所属新聞社の業務として割り当てられた。問題意識はほとんど持っていなかった。現場の人たちの話を聞く中で、赤ちゃんポストが抱える匿名性や、それに関連する検証の難しさといった問題点も追究しなければならないと思うようになった。

ＡＩＤをはじめとする、出自を知らない子どもたちの「その後」を取材する中で、次第にその気持ちは頑なになった。ポストに預けられた子どもたちは、将来、自らのルーツについて思い、悩む日がくるに違いないと思うようになった。

しかし、取材から時を経た今、自分が独善的になっていたのではないかと気づいた。

時に上から目線で、自分の「正しさ」を証明しようとしていた「間違った」自分がいた。相手の前のめりの姿勢を問おうとして、自分が一番前のめりだった。相手の気分を害してしまったと反省し、申し訳ない気持ちでいっぱいだ。

それでも、私のインタビューを慈恵病院の蓮田健さんが受けてくださったことに深く感謝している。長時間のインタビューで疲れさせてしまったと思う。配慮に欠き、時に攻撃的姿勢になってしまったのは、私の視野の狭さゆえだろう。

彼の考えや問いは時間が経つにつれて、冷静に考えられるようになっていった。

本文でも述べた通り、蓮田さんは赤ちゃんポストが完全なものではないと理解していた。ポストを運営することで賛否も含めて社会で議論し、子どもの遺棄や虐待といった問題に光を当て、困っている女性や子どもたちを助けられる社会を目指しているのだと、私は思った。

今では、私と蓮田さんは同じゴールを見ているという不思議な思いでいる。

赤ちゃんポストの担当記者になって以来、検証の必要性を声高に叫んできた。しかし、私は相手の立場に身を置き、物事を考えていなかったのではないか、と反省するところも大きい。

本文を見直すと、自分の至らなさが目につく。単行本執筆にあたって最低限の配慮や修正を加えたが、基本的には取材当時の意識をそのまま原稿に残している。

取材当時と現在の私の姿勢の違いについて、ブレを指摘する声もあるだろう。

だが、当時は赤ちゃんポストを疑いの目で見ていた私が、こうした心境に至っているていることを私は学んだ。

――そのことを知ってもらいたいと思う。スタンスの違う相手とも対話の可能性が開かれ

取材を重ねてきたものの、赤ちゃんポストについての結論を私は出すことができない。

「救われた命がある」という主張が何度も頭をよぎった。反論はできない。いや、私自身、救われた命はあるかもしれないと思うこともあった。救われてほしいという願いかもしれない。

一方で繰り返すようだが、法律がない中、赤ちゃんポストを運営するリスクは依然感じている。だが、「ではどうすればいいのか」と突きつけられるたびに、答えに窮する自分がいた。対案を示すこともできない。

つまり、何が「正しい」のか分からない。

答えが分からない問いだからこそ、さまざまな立場の人間が繰り返し考え続ける必要があるのではないか、と考えた。

価値観は時代とともに変わっていくものだろう。

後世、検証する上で同時代の関係者の証言が少しでも役立つのなら、本書を出版する意味もあるだろうと自分を納得させている。

人事異動によって担当を外れたのに、私は業務外の時間でその後も取材を続けた。家族にも迷惑をかけた。

ポストに預けられた子どもに関する取材のために、自分の子育てをおろそかにしていたこともある。本末転倒だった。母親としてどうなのか、とも思う。

それなのに出版直前になって怖くて逃げ出したくなった。取材をやめていれば、これほど不安になることもなかった。波風も立たなかった。最初から取材も含めて全部なかったことにしたいとまで思い詰めたとき、なぜかポストにわが子を預けた女性たちの、追い詰められた心境に触れた気がした。もちろん、彼女たちの切実さや孤独感とは、次元の違う浅い悩みだということは分かっているが。

取材を通じ、最も印象に残ったのは次の言葉だ。

「とにかく誰かに相談してください。助けを求めていい」

ポストに子どもを置いた女性は自らへの反省として、そう語っていた。

赤ちゃんポストは「助けを求めていい」という大きなメッセージを発信していると思う。

一方で、本来その役目を担うのは、赤ちゃんポストではない方がいい。その考えは慈恵病院の方々とも一致することだろう。

大切なのはそうしたＳＯＳに気づく社会であり、人だろうと思う。日本全国にそうしたセーフティネットが存在するなら、わざわざ遠方から熊本まで足を運ぶ人もいなくなるだろう。

現実にはないから、赤ちゃんポストを必要とする人がいる。

予期せぬ妊娠にどう対処すればいいか。ひとり親でも安心して子育てができるにはどうしたらいいか。子育ての大変さ、親の肩身の狭さをどうすれば軽くできるか。

解決策はすぐには見つからないかもしれない。

私は今後もこの問いを考え続けていきたいと思う。

子どもにとっての幸せとは何か。結局、最後までこの答えも見つけられなかった。人の幸せは決められない。だからこそ、ひたすら願うだけでなく、決め付けることもせず、声なき声に耳を傾け、思考停止することなく考え続けたい。

赤ちゃんポストは社会のゆがみを映し出した鏡だと思う。同時に、私自身を映す鏡でもあった。独り善がりで、時に間違いを犯す自分がいた。出版直前になって逃げ出したくなるほどの不安と恐怖に駆られる弱い私だった。

あとがきを書いているとき、私にとって大きなニュースが入ってきた。東京高検検事長と新聞記者が賭けマージャンをしていたことだ。この記者たちを批判するつもりも擁護するつもりもない。私が思ったのは、誰でも間違ってしまうことがあるということだ。私たちも記者である前に一人の人間だ。

メディアには厳しい目が向けられている。「記者は検事長が賭けマージャンしていることを知っていたのになぜ書かなかったのか」という批判があった。

知ったことは書いて伝えるしかない。逃げ出したくなっても、私には書く選択肢しかもう残されていない。本書にはマスコミの片隅にいる私の反省と自戒を込めたつもりだ。

私を応援してくださった熊本の福祉、医療の関係者のみなさま、ありがとうございました。

また、慈恵病院理事長の蓮田太二さん、副院長の蓮田健さんにも深くお礼を申し上げたい。私の不躾な質問にも真摯に応じていただいた。２人は実直な人柄で、患者に信頼され、素晴らしい医師でいらっしゃることは記しておきたい。本書の存在は彼らにとって煩わしいものでしかないだろうが、それでも一意見として聞いていただければ幸いである。

熊本日日新聞社の先輩や同僚、読者のみなさまにも、この場を借りて感謝を伝えたい。先輩や同僚が「傷ついた」と思う内容もあったかもしれないが、自由闊達な社風に免じて許してほしい。

この本に関するすべての責任は私、森本個人にあり、熊本日日新聞社は関係ないことを書き添えます。

心理カウンセラー、山本トースネスみゆきさんのサポートにも感謝します。

最後に。仕事が休みの日にこの本の取材・執筆をすることになり、家族には大きな負担をかけた。家事・育児の大半を引き受けてくれた夫、松岡茂と、子どもの視点で考えるヒントをくれた息子の賢史、哲史。ありがとう。

２０２０年５月吉日

森本修代

文庫版あとがき

赤ちゃんポスト設置計画や内密出産が、今も好意的に報道されている。

「妊娠をどうしても知られたくない女性がいる」と伝えられるが、妊娠は「隠したいもの」「隠すべきもの」というイメージを拡散しているのではないか、と危惧している。

ある取材で会った医師の言葉が忘れられない。

「どんな動物でも子どもを産み育てるために一生懸命になるのに、どうして人間だけ妊娠を知られたくないとか、育てられないとか言うんだろうねえ」

人に知られたくないことはそれぞれあるだろうし、本人の意向は尊重されるべきだとは思う。

ただ、妊娠そのものは恥ずかしいことでも悪いことでもない。「おめでた」という言葉の通り、生物としての原点に帰れば祝福の対象なのではないか。

私が取材した、子どもを赤ちゃんポストに預けた女性は、妊娠に気づいたとき「うれしい気持ちもあった」と話した。動物としての本能だろう。

ではなぜ、「知られたくない」のか。

一つは、「世間から後ろ指をさされる」という思いからだろう。熊本市の調査では、子どもを預けた理由は多い順に「生活困窮」「未婚」「世間体・戸籍に入れたくない」「不倫」「養育拒否」「祖父母の反対」などとなっている。生活困窮以外はおそらく世間体を気にしたものだろう。子どもは結婚した夫婦の間で生まれるもの、という固定観念が強いため、そうではない人たちが息苦しさを感じているのだと思う。

もう一つは、「妊娠を隠してほしい」という男性の希望があるのではないだろうか。男性にとっては、相手の女性が妊娠を隠してくれれば都合がいいし、子どもを「いなかったこと」にすれば責任を取らずに済む。男性側の意向を女性たちが「内面化」している面があるのではないだろうか。

予期せぬ妊娠の責任は男性にもあるはずだ。赤ちゃんポストや内密出産を望む女性の事情は一人一人違うだろうが、男性が責任を免れている点では共通しているだろう。

子どもを産むか産まないかは女性の権利だ。中絶は女性にとって重要な選択肢であり、権利だと私は思っている。その上で、さまざまな事情があったとしても妊娠を「うれしい」と感じ、「産みたい」と女性が思うのであれば、「新しい命を無条件で祝福します。子育てを全力で支援します」というメッセージが必要なのではないだろうか。妊娠したことを責めるのではなく、祝福できる社会になれば、女性たちがもっと生きやすくなるのではないかと思う。

最後に私が本を書こうと思ったきっかけを記しておきたい。２０１８年4月に報道された財務事務次官のセクハラ疑惑だった。テレビ局の女性記者が、自社で報道できなかったため、週刊誌に持ち込んだとのことだった。

自社で報道できなくても諦めない姿勢にハッとした。当時の私は所属していた熊本日日新聞社で前月、内勤に異動していた。

たった一人でも書こう、そう決意した。しかし、背中から大きな弾が飛んできた。出版を報告したところ、会社は「批判される」などという理由で認めなかった。知った事実を伝えることは記者の責任だ。私は批判を受けることを覚悟して出した。

出版翌日、「認めていない本を出した」として懲戒処分を受けた。寄稿や講演の依頼が来るようになったが、それらも会社から認められず、退職せざるを得なかった。

もっと個人としての自由な活動が尊重されてもいいのではないかと思う。

取材に応じてくださったみなさまにあらためてお礼を申し上げたい。敬称は省略した。肩書は取材当時のものであることをお断りしておく。

文庫化にあたって中央公論新社の齊藤智子さん、それに先立つ単行本化にあたっては小学館の柏原航輔さんにサポートいただきました。心からお礼を申し上げます。

２０２３年６月

森本修代

参考文献

・医療法人聖粒会　慈恵病院編著『「こうのとりのゆりかご」は問いかける―子どもの幸せのために―』熊本日日新聞社・２０１３年
・ＮＨＫ取材班『なぜ、わが子を棄てるのか―「赤ちゃんポスト」10年の真実―』ＮＨＫ出版・２０１８年
・遠藤順子ほか『手間ひまかける　気を入れる―家族が家族であるために―』女子パウロ会・２００５年
・大阪産婦人科医会『未受診や飛び込みによる出産等実態調査報告書』２０１４年
・柏木恭典『赤ちゃんポストと緊急下の女性―未完の母子救済プロジェクト―』北大路書房・２０１３年
・河合香織『選べなかった命―出生前診断の誤診で生まれた子―』文藝春秋・２０１８年
・熊本県こうのとりのゆりかご検証会議『「こうのとりのゆりかご」が問いかけるもの―こうのとりのゆりかご検証会議・最終報告―』２００９年
・熊本県立大学編著『「こうのとりのゆりかご」を見つめて』熊本日日新聞社・２００９年

・熊本市要保護児童対策地域協議会こうのとりのゆりかご専門部会『「こうのとりのゆりかご」検証報告書』第2期（２０１２年）、第3期（２０１４年）、第4期（２０１７年）、第5期（２０２１年）
・熊本大学熊本創生推進機構編集『小さな命をつなぐ社会であるために』２０１９年
・熊本日日新聞「こうのとりのゆりかご」取材班編『揺れるいのち——赤ちゃんポストからのメッセージ——』旬報社・２０１０年
・幸山政史『コウヤマノート——熊本市政4，３８３日の軌跡——』熊日出版・２０１４年
・小高根二郎『蓮田善明とその死』筑摩書房・１９７０年
・阪本恭子「赤ちゃんポストの今後のあり方を見直す——日独の現状を比較しながら——」『生命倫理』ＶＯＬ．25・２０１５年
・シード・プランニング『妊娠を他者に知られたくない女性に対する海外の法・制度が各国の社会に生じた効果に関する調査研究報告書』２０２０年
・生命尊重センター編『お腹の赤ちゃんを応援して30年——生命尊重センターの歩み——』生命尊重センター・２０１４年
・生命尊重ニュース『円ブリオにほん』平成14年秋号、平成15年春号
・田口朝子『妊娠をめぐる女性の葛藤を考える——円ブリオサポーターのための学習資料——』

生命尊重センター・２０１１年
・田尻由貴子『シリーズ・福祉と医療の現場から③「赤ちゃんポスト」は、それでも必要です。―かけがえのない「命」を救うために―』ミネルヴァ書房・２０１７年
・ドイツ連邦家族・高齢者・女性・青少年省『「妊婦支援の拡大と内密出産の規定のための法律」に基づいて実施した全ての取り組みと支援の効果に関する評価調査』熊本大学学術リポジトリ
抄訳１（トビアス・バウアー訳）http://hdl.handle.net/2298/38464
抄訳２（阪本恭子、トビアス・バウアー訳）http://hdl.handle.net/2298/38843
・中島かおり『漂流女子―にんしんＳＯＳ東京の相談現場から―』朝日新聞出版・２０１７年
・トビアス・バウアー『ドイツにおける「赤ちゃんポスト」・「匿名出産」に関する資料集』熊本大学学術リポジトリ　http://hdl.handle.net/2298/30341
・蓮田太二『ゆりかごにそっと―熊本慈恵病院「こうのとりのゆりかご」に託された母と子の命―』方丈社・２０１８年
・蓮田太二・柏木恭典『名前のない母子をみつめて―日本のこうのとりのゆりかご　ドイツの赤ちゃんポスト―』北大路書房・２０１６年

・非配偶者間人工授精で生まれた人の自助グループ・長沖暁子編著『ＡＩＤで生まれるということ―精子提供で生まれた子どもたちの声―』萬書房・２０１４年
・松本健一『蓮田善明　日本伝説』河出書房新社・１９９０年
・三島由紀夫『決定版　三島由紀夫全集36』新潮社・２００３年
・山縣文治、阪本恭子、トビアス・バウアー、床谷文雄「こうのとりのゆりかごと子どもの権利―内密出産制度への展開の可能性―」『子どもの虐待とネグレクト』２０１９年

〈インターネット文献〉
・中村紀雄の議員日記 http://kengi-nakamura.txt-nifty.com/diary/2007/05/post_b5c9.html
・ＡＲＣ　平野裕二の子どもの権利・国際情報サイト https://www26.atwiki.jp/childrights/

本書は、『赤ちゃんポストの真実』（二〇二〇年六月、小学館刊）をもとに、加筆修正を加えたものです。

中公文庫

赤《あか》ちゃんポストの真実《しんじつ》

2023年8月25日　初版発行

著　者　森《もり》本《もと》修《のぶ》代《よ》

発行者　安部順一

発行所　中央公論新社

〒100-8152　東京都千代田区大手町1-7-1
電話　販売 03-5299-1730　編集 03-5299-1890
URL https://www.chuko.co.jp/

DTP　平面惑星
印　刷　三晃印刷
製　本　小泉製本

©2023 Nobuyo MORIMOTO

Published by CHUOKORON-SHINSHA, INC.
Printed in Japan　ISBN978-4-12-207407-1 C1136

定価はカバーに表示してあります。落丁本・乱丁本はお手数ですが小社販売部宛お送り下さい。送料小社負担にてお取り替えいたします。

●本書の無断複製（コピー）は著作権法上での例外を除き禁じられています。また、代行業者等に依頼してスキャンやデジタル化を行うことは、たとえ個人や家庭内の利用を目的とする場合でも著作権法違反です。

各書目の下段の数字はＩＳＢＮコードです。978－4－12が省略してあります。

中公文庫既刊より

よ-38-1 **検証 戦争責任（上）** 読売新聞 戦争責任検証委員会

誰が、いつ、どのように誤ったのか。あの戦争を日本人自らの手で検証し、次世代へつなげる試みに記者たちが挑む。上巻では、さまざまな要因をテーマ別に検証する。

205161-4

よ-38-2 **検証 戦争責任（下）** 読売新聞 戦争責任検証委員会

無謀な戦線拡大を続けた日中戦争から、戦後の東京裁判まで、時系列にそって戦争を検証。上巻のテーマ別検証もふまえて最終総括を行う。日本人は何を学んだか。

205177-5

よ-45-3 **記者は何を見たのか 3・11東日本大震災** 読売新聞社

号泣した記者がいた。歯を食いしばってシャッターを切ったカメラマンがいた。77人が極限の現場から伝える取材記録。彼らはその時、何を感じ何を考えたのか。

205908-5

か-81-1 **発光地帯** 川上未映子

食、夢、別れ、記憶……何気ない日常が、川上未映子の言葉で肌触りを一新させる。心のひだに光を灯す、切なくも温かな人気エッセイシリーズ第一弾。

205904-7

か-81-2 **魔法飛行** 川上未映子

お米のとぎ汁で大根をゆでる日がくるとはなあ――『きみは赤ちゃん』の川上未映子が大震災をまたぐ波瀾の一年を綴る、日記的エッセイシリーズ第二弾。

206079-1

か-81-3 **安心毛布** 川上未映子

ふつうに人生を生きてゆくことが相も変わらぬ椿事――妊娠・出産・子育てと、日常に訪れた疾風怒濤の変化を綴る日記的エッセイ三部作、ついに完結。

206240-5

つ-33-1 **青空と逃げる** 辻村 深月

大丈夫、あなたを絶対悲しませたりしない――。突然、日常を奪われてしまった母と息子。壊れてしまった家族がたどりつく場所は……。〈解説〉早見和真

207089-9

ま-45-1
小児がん外科医　君たちが教えてくれたこと
松永　正訓
助からないことのほうが多い「小児固形がん」。闘病する子供たちやその家族と向き合う中で、小児外科医は何を見たか？　渾身の治療と輝く命の記録。
205894-1

う-36-1
ニッポンが変わる、女が変える
上野千鶴子
女の力を活かさないこの国に未来はない——上野千鶴子が12人の尊敬する女性を迎え、3・11後の世界を生きる知恵、そして新たな希望について語り合う対談集。
206333-4

う-15-15
女と文明
梅棹　忠夫
半世紀以上前に発表するや賛否両論の大反響を巻き起こした「妻無用論」「母という名のきり札」。先見的な女性論、家庭論を収録。〈解説〉上野千鶴子
206895-7

か-74-1
ゆりかごで眠れ（上）
垣根　涼介
南米コロンビアから来た男、リキ・コバヤシ——マフィアのボス。目的は日本警察に囚われた仲間の奪還と復讐。そして、少女の未来のため。待望の文庫化。
205130-0

か-74-2
ゆりかごで眠れ（下）
垣根　涼介
安らぎを夢見つつも、憎しみと悲しみの中でもがき彷徨う男女。血と喧噪の旅路の果てに彼らを待つものは、一体何なのか？　人の心の在処を描く傑作巨篇。
205131-7

か-76-1
女の残り時間　ときめきは突然、やってくる
亀山　早苗
普通の女が「女」に目覚める時——「女としての部分」に不安を抱く女性たちの迷い戸惑う姿を描く。夫には知られたくない、妻には読ませたくない、四十代女性の性の現実。
205306-9

さ-87-1
百年の女　『婦人公論』が見た大正、昭和、平成
酒井　順子
「婦人と言えども人である」と言われた創刊時から一世紀。女の上半身と下半身を見つめ続けた一四〇〇冊余を繙いた異色の近現代史！〈解説〉中島京子
207377-7

は-45-6
新装版　強運な女になる
林　真理子
強くなることの犠牲を払ってきた女だけがオーラを持てる。ぴかりと光る存在になるために運気を貯金しよう——。時代を超えて愛読される「女のバイブル」。
206841-4

各書目の下段の数字はISBNコードです。978-4-12が省略してあります。

ま-51-2
女が死ぬ　松田青子
「女らしさ」が、全部だるい。天使、小悪魔、お人形……〝あなたの好きな少女〟を演じる暇はない。シャーリイ・ジャクスン賞候補作を含む五十三の掌篇集。
207070-7

み-46-1
母の遺産　新聞小説（上）　水村美苗
ママ、いったいいつになったら死んでくれるの？　親の介護、夫の浮気、忍び寄る更年期、老後資金の計算……実体験を交え赤裸々に描く、大佛次郎賞受賞作。
206088-3

み-46-2
母の遺産　新聞小説（下）　水村美苗
あたしは愛されなかった。避けてきた事実を認め、美津紀は過去と向き合う。離婚を思う中年女が迫られる「貧乏か夫か」の選択に、下した決断は――。
206089-0

や-65-3
つみびと　山田詠美
灼熱の夏、彼女はなぜ幼な子二人を置き去りにしたのか。追い詰められた母親、痛ましいネグレクト死。圧巻の筆致で事件の深層を探る、迫真の長編小説。
207117-9

よ-17-16
子供の領分　吉行淳之介
教科書で読み継がれた名篇「童謡」など、早熟でどこか醒めた少年の世界を描く十篇。随筆「子供の時間」他一篇を付す。〈巻末エッセイ〉安岡章太郎・吉行和子
207132-2

か-61-3
八日目の蟬《せみ》　角田光代
逃げて、逃げて、逃げのびたら、私はあなたの母になれるだろうか……。心ゆさぶるラストまで息もつがせぬ傑作長編。第二回中央公論文芸賞受賞作。〈解説〉池澤夏樹
205425-7

か-61-2
夜をゆく飛行機　角田光代
谷島酒店の四女里々子には「ぴょん吉」と名付けた弟がいて……うとましいけれど憎めない、古ぼけてるから懐かしい家族の日々を温かに描く長篇小説。
205146-1

ね-3-2
認知の母にキッスされ　ねじめ正一
認知症の母親を毎日、介護する息子。生きることのおかしみとユーモアが全編に溢れる、今までにない〝介護小説〟。「母の死」を文庫書き下ろしで収録。
206494-2

し-46-1
アンダスタンド・メイビー（上） 島本理生

中三の春、少女は切ない初恋と大いなる夢に出会う。それは同時に、愛と破壊の世界へ踏み込むことでもあった——。直木賞候補作となった傑作、ついに文庫化！

205895-8

し-46-2
アンダスタンド・メイビー（下） 島本理生

憧れのカメラマンのアシスタントとなり、少女から大人への階段を歩み始めた黒江。ある事件を発端に、母親の秘密、隠され続けた自身の過去が明らかになる。

205896-5

あ-10-17
めざめ 赤川次郎

両親を惨殺された11歳の美沙は心を閉ざしてしまう。娘を救うため、〝母〟の願いが奇跡を起こす。親子の絆と再生を描く感動の長編小説。〈解説〉山前　譲

207332-6

み-1-1
水なき雲 三浦綾子

受験期の多感な少年をもつ姉妹の確執を通して、二家庭の夫婦・親子・兄弟たちの複雑な人間模様を描きつつ、幸せとは何かをさぐる。〈解説〉高野斗志美

201227-1

え-7-2
食卓のない家 円地文子

過激派学生による人質籠城事件。世間は学生だけでなく親たちの責任も追及するが——連合赤軍事件をモチーフに個人と社会のあり方を問う。〈解説〉篠田節子

207166-7

お-63-2
二百年の子供 大江健三郎

タイムマシンにのりこんだ三人の子供たちが出会う、悲しみと勇気、そして友情。ノーベル賞作家の、唯一のファンタジー・ノベル。舟越桂による挿画完全収載。

204770-9

ま-55-1
52ヘルツのクジラたち 町田そのこ

二〇二一年本屋大賞第一位。自分の人生を家族に搾取されてきた女性・貴瑚と、母に虐待され「ムシ」と呼ばれていた少年の新たな魂の物語——。〈解説〉内田　剛

207370-8

く-33-1
たおやかに輪をえがいて 窪　美澄

結婚二十年。主婦・絵里子の人生に思いがけない家族の秘め事が次々と突きつけられ……。妻でも母でもない道が、鮮やかに輝き出す長編小説。〈解説〉島本理生

207295-4

各書目の下段の数字はISBNコードです。978－4－12が省略してあります。

ヨ-1-1
活《い》きる
余華
飯塚容 訳
生と死、愛と別れ、時間の神秘。国共内戦や文革という激動の時代を生きた、ある家族の物語。世界で不動の地位を築く中国作家の代表作。〈解説〉中島京子
206686-1

う-15-10
情報の文明学
梅棹忠夫
今日の情報化社会を明確に予見した「情報産業論」を起点に、価値の生産と消費の意味を文明史的に考察し、現代を解読する。〈解説〉高田公理
203398-6

S-25-2
シリーズ日本の近代 **都市へ**
鈴木博之
西欧文明との出会いは、日本の佇まいに何をもたらしたか。文明開化、大震災、戦災、高度経済成長——変容する都市の風貌から、日本人のアイデンティティの軌跡を検証する。
205715-9

S-25-3
シリーズ日本の近代 **企業家たちの挑戦**
宮本又郎
三井、三菱など財閥から松下幸之助や本田宗一郎ら消費者本位の実業家まで、資本主義社会の光と影を担った彼らの手腕と発想はどのように培われたのか。
205753-1

S-25-4
シリーズ日本の近代 **官僚の風貌**
水谷三公
この国を動かしてきた顔の見えない人々——政党勃興、戦時体制、敗戦など社会情勢の変動が、行政機構に与えた影響を探る、ユニークな日本官僚史。
205786-9

S-25-5
シリーズ日本の近代 **メディアと権力**
佐々木隆
「社会の木鐸」「不偏不党」「公正中立」その実態は？知られざる新聞の歴史を豊富な史料で描き、現在のメディアが抱える問題点を根源に遡って検証。
205824-8

S-25-6
シリーズ日本の近代 **新技術の社会誌**
鈴木淳
洋式小銃の導入は兵制を変え軍隊の近代化を急がせた。洗濯機の登場は主婦に家事以外の時間を与えた。新技術の導入は日本社会の何を変えたのだろうか。
205858-3

S-25-7
シリーズ日本の近代 **日本の内と外**
伊藤隆
開国した日本が、日清・日露の戦を勝ち抜いて迎えた二十世紀。世界は、社会主義によって大きく揺すぶられる。二部構成で描く近代日本の歩み。
205899-6